Internet Statistical Methods in
Science and Technology Talents Research

科技人才研究中的
互联网统计方法

程　豪◎著

中国财经出版传媒集团

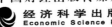

经济科学出版社
Economic Science Press

·北京·

图书在版编目（CIP）数据

科技人才研究中的互联网统计方法／程豪著.

北京：经济科学出版社，2024. 8. -- ISBN 978 - 7 - 5218 - 6260 - 7

Ⅰ. G316

中国国家版本馆 CIP 数据核字第 20249JA807 号

责任编辑：杜　鹏　郭　威
责任校对：李　建
责任印制：邱　天

科技人才研究中的互联网统计方法

KEJI RENCAI YANJIUZHONG DE HULIANWANG TONGJI FANGFA

程　豪◎著

经济科学出版社出版、发行　新华书店经销

社址：北京市海淀区阜成路甲 28 号　邮编：100142

编辑部电话：010 - 88191441　发行部电话：010 - 88191522

网址：www. esp. com. cn

电子邮箱：esp_bj@ 163. com

天猫网店：经济科学出版社旗舰店

网址：http：//jjkxcbs. tmall. com

固安华明印业有限公司印装

710×1000　16 开　10. 5 印张　170000 字

2024 年 8 月第 1 版　2024 年 8 月第 1 次印刷

ISBN 978 - 7 - 5218 - 6260 - 7　定价：88. 00 元

（图书出现印装问题，本社负责调换。电话：010 - 88191545）

（版权所有　侵权必究　打击盗版　举报热线：010 - 88191661

QQ：2242791300　营销中心电话：010 - 88191537

电子邮箱：dbts@ esp. com. cn）

前　　言

　　建设世界科技强国，是党中央在新的历史起点上作出的重大战略决策，是建设社会主义现代化强国的战略支撑，是党和国家对我国科技界布置的重大任务。党的二十大报告指出，"实施科教兴国战略，强化现代化建设人才支撑"。当前，中国已崛起成为世界科技大国，如何全面客观评价我国建设世界科技强国状况，把握不同阶段各国发展变化规律，认识与其他世界科技强国的相对优势和差距，对加快推进建设世界科技强国意义重大。

　　科技人才研究是围绕建设世界科技强国开展的一项基础性研究工作。科技人才研究中问卷调查设计、流动因素研究、职业发展评价、流动效应分析等不同主题的挖掘和探索更是激发科技人才积极性、推动经济社会发展的重要课题。近年来，随着我国科技事业的蓬勃发展，科技人才的规模不断壮大、素质不断提升。通过借助互联网统计学方法对科技人才相关问题的深入研究，可以进一步刻画科技人才现实状况和真实需求，以便于解决科技人才工作新形势下涌现的新情况、新问题。

　　面对科技人才研究中问卷调查设计、流动因素研究、职业发展评价、流动效应分析的不同问题，读者往往需要运用不同的互联网统计方法，实现从数据到结论的研究过程。尤其要考虑科技人才研究中不同具体问题场景下，互联网统计方法的适用性。本书虽是笔者一人独立完成，但离不开在前期学习和积累过程中各位领导、师

长以及朋友的帮助与分享，在此特别感谢。本书的顺利完成，离不
开笔者在国内外学术期刊发表文章时积累的宝贵经验。尤其要感谢
《数理统计与管理》《统计与信息论坛》《今日科苑》以及 *Mathematics and Computers in Simulation*，*Environment*，*Development and Sustainability*，*Communications in Statistics-Simulation and Computation*，*Statistical Methods & Applications*，*Computational Statistics* 给予笔者诸多专业且详细的评审意见，对文章质量的提高和笔者研究视野的开阔起到非常重要的作用。本书在科技人才研究方面的积累和呈现，还离不开笔者在大众媒体发表理论学术文章时，从政策角度对科技人才培养、评价、激励、流动等实际问题的理解和掌握。这里特别感谢《科技日报》《工人日报》《农民日报》《中国科学报》《重庆科技报》以及光明网、中国社会科学网。此外，笔者还要感谢国家自然科学基金青年科学基金项目"高维变系数多水平结构关系模型研究及应用"（72001197）等课题对本书相关研究和撰写工作给予的资助。最后，笔者还要感谢来自家庭的温暖和关爱。感谢妻子对我工作、科研、学习和生活的理解与支持，感谢双方父母的养育和帮扶，感谢两个可爱的宝贝。

　　青年已成，未来可期。希望借由此书能与广大读者充分交流、深入探讨，在共同学习和成长的过程中，不断完善和丰富《科技人才研究中的互联网统计方法》一书的内容。

程 豪

2024 年 6 月 1 日于北京

目　录

第 1 章

导　论

1.1　科技人才研究：从传统统计学到互联网统计学

1.1.1　传统统计学

科技人才研究常常需要建立在客观数据基础上，通过必要的统计方法实现从数据收集、处理、分析、解释到结论的完整研究过程，并结合相关的科技人才政策对数据中所蕴含的科技人才规律或重要发现加以解释。众所周知，统计学是收集、处理、分析、解释数据并从数据中得出结论的科学（贾俊平、何晓群、金勇进，2021）。可以看出，科技人才研究中的统计方法是以数据为研究对象，中间过程是收集、处理、分析和解释工作，最终目标是得出结论。

科技人才研究传统统计学是指将传统统计学应用于科技人才研究领域。传统统计学包括描述统计和推断统计两个部分。描述统计包括数据收集、数据处理、数据汇总、图表描述、概括与分析等内容。推断统计是指通过有限数据来推断总体特征和规律。总体特征和规律需要用表达统计关系的模型加以刻画，能够对这种关系明确量化的就是模型中的参数。因此，推断统计需要解决的问题：一是通过有限数据估计未知参数；二是证明参数估计结果及统计结论的正确性。

本书更多讨论的是，通过推断统计来挖掘科技人才价值规律。这里的"推断"重在体现无法穷尽科技人才对象全体，但可以通过科学统计方法对充分代表全体的有效样本特征和规律进行研究的过程。相应地，科技人才研究中的推断统计主要解决的是两个方面的问题：一是通过有限科技人才数据估计表达特征和规律的未知参数；二是证明参数估计结果能够充分代表科技人才全体的真实规律，以及科技人才研究结论的正确性。

1.1.2　互联网统计学

随着互联网技术的发展和成熟，数据的生成、收集和存储均发生了巨大变化，科技人才研究面临的困难和挑战也应运而生。具体来说，科技人才研究互联网统计学在研究对象、中间过程和最终目标上发生了许多变化。

一是数据的互联网化。在互联网技术的支持下，从传统统计调查数据到各个方面的业务数据、技术数据、行政数据，以及软件数据、文本数据和具有潜在量化可能的大量图像与音频信息（赵彦云，2021），科技人才数据的范畴在不断扩大，映射客观实际的统计总体范围也在扩大。反映包括个体、单位、市场、组织等主体在内的经济社会数据逐渐形成了从微观到宏观、从静态到动态、庞大且复杂的一体化统计数据体系。

二是工作的互联网化。从传统人工统计报表到各个环节的计算机普及、软件操作、系统平台搭建，从多机并行的分布式计算方式到 Python、Hadoop、Spark 等互联网大数据编程语言的广泛应用和更新迭代，科技人才研究互联网统计学在收集、处理、分析和解释数据方面表现出从传统到前沿、从方法到技术、从离线到实时的根本性转变。显然，在科技人才研究互联网统计学中，计算机科学扮演着重要角色，为科技人才研究互联网统计学中间过程的具体操作提供全面支持。

三是结论的互联网化。从传统统计图表到结论的归纳提炼、可视化展示、交互式变化，以及数据背后隐藏信息的挖掘和剖析、非常规路径模式的捕捉和还原、流式数据冲击下结论的实时变化，科技人才研究互联网统计学在得出结论方面表现出多元化、准确性高、时效性强的特征。高效且准确地归纳和提炼研究结论并将有价值信息置于视觉空间中是科技人才研究互联网统计学的一大特色。

　　科技人才研究互联网统计学可以被看作以互联网技术为前提，在科技人才研究统计学基础上发展和丰富起来的现代统计科学。从传统统计学到互联网统计学，描述统计和推断统计始终是统计学必不可少的两个组成部分。在科技人才研究中，互联网统计学的理论体系包括互联网描述统计和互联网推断统计。更确切地说，互联网统计学是科技人才研究领域中具体研究问题的描述统计和推断统计的共存并举与融合交汇。在互联网技术的支持下，科技人才研究中的互联网统计学更有机、更完整地实现了互联网描述统计和互联网推断统计两部分内容在科技人才研究领域的密切配合。

　　科技人才研究中的互联网统计学理论体系不局限于互联网描述统计和互联网推断统计，还包括互联网技术支持下的方法和算法，这部分内容与数据挖掘、机器学习、大数据分析、人工智能、云计算等诸多领域交叉和重叠。从理论方法的角度来看，科技人才研究中所涉及的互联网统计学不仅包括概率论与数理统计的随机性统计对象的理论方法，还包括确定性统计对象的理论方法，以及两者相结合的理论方法研究和面向互联网的数字孪生的复杂统计系统等理论方法。在面对诸多实际挑战和困难时，科技人才研究中的互联网统计学理论体系将得到不断丰富和补充，在此过程中积累的具体案例和实践经验可以进一步总结为不同场景下方法与算法的组合使用乃至改进和创新，并上升为科技人才研究中互联网统计学理论体系中的重要组成部分。

1.2　科技人才研究：互联网技术基础

1.2.1　技术的数字化、智能化与可视化

　　显然，科技人才研究中的互联网统计学离不开互联网技术的支持。在统计学领域，互联网技术是指在计算机科学基础上开发和建立的，用于收集、处理、分析、解释数据并从数据中得出结论的一种信息技术。具体来说，互联网技术可以从数字化技术、智能化技术和可视化技术这三个方面加以理解。

一是科技人才研究互联网统计学中的数字化技术。数字化技术是指利用互联网技术，将生产、生活等社会活动中的信息转换为数字格式，从而形成全新的生产方式和社会组织机制。按照中文通识概念，数字化就是将通过互联网技术获取的数据信息进行全面量化，而全面量化就是全面统计。基于数字化技术的全面量化有助于增强对概念和事物关系的理解，有助于运用数理逻辑进行统计，准确归纳统计分布和统计预测的客观规律。可以看出，基于数字化技术的全面量化从数字化技术的角度诠释了互联网统计学的内涵。

二是科技人才研究互联网统计学中的智能化技术。互联网统计学发展的基本特征是建立了全社会量化解析的生态体系，这是人工智能的应用基础。人工智能离不开计算机技术，但不完全等同于计算机技术。人工智能是通过自学积累人类知识体系的进化与优化，并通过计算机技术实现全面量化与统计分析。互联网统计学中的智能化技术实际上就是通过计算机学习数据信息的规律和路径模式，在思维和操作层面实现"人工智能"，以自动化、智能化地收集、处理、分析、解释数据并从数据中得出重要结论。

三是科技人才研究互联网统计学中的可视化技术。互联网统计学中的可视化技术可以被理解为把数字置于视觉空间中，以更加直观地展示数据中的潜在模式，并从中发现常规统计方法很难挖掘到的信息。互联网统计学中的可视化技术不仅包括作表绘图，还包括根据分析需求提供直观化、关联化、艺术性、可交互的可视化结果。在互联网技术的支持下，互联网统计学中的可视化技术能够实现潜在信息的深度展示和实时数据的动态描绘。

1.2.2　开源软件举例：R 与 Python

作为开源软件，R 软件和 Python 软件都属于编程类软件，具有非常强的普适性，几乎能够满足所有数据分析需求。与 Python 软件相比，R 软件由志愿者团队统一管理，语法较为一致，安装较为简易，并且自带操作手册和帮助文档。与 R 软件相比，Python 软件在大数据领域发挥着重要作用。R 软件和 Python 软件在大数据平台对接、方法模型的自主设计、算法思路的创新方面更具有优势，在应对科技人才研究过程中互联网统计学中数据量级过大、问题难度过高的挑战时更加游刃有余。

R 软件是由新西兰奥克兰大学的罗斯·伊哈卡（Ross Ihaka）和罗伯特·杰特曼（Robert Gentleman）开发的。因两人名字都是以 R 开头而得名。实际上，在 R 语言还没有被发明之前，罗斯·伊哈卡从一本书中了解到了 Scheme 语言并对它产生极大的兴趣。正好在那个时候，他获得一版新 S 语言的源代码，发现 Scheme 语言和 S 语言之间的异同点。在一次向别人演示 Scheme 语言的时候，由于手边没有相关书籍，罗斯·伊哈卡就用 S 语言进行演示，但效果不理想，由此他萌生了改进 S 语言的想法。在相当长的一段时间之后，罗斯·伊哈卡和罗伯特·杰特曼在奥克兰大学成为同事，他们试图为实验室寻找一个更好的软件，于是重拾改进 S 语言的想法，因此合作开发了 R 语言。那么，何为 R 语言？R 语言是 1995 年罗斯·伊哈卡和罗伯特·杰特曼开始编制并由 R 核心开发小组维护的统计分析与图形直观相结合的统计分析软件和开放的统计编程环境。相比一般的统计软件，R 语言具有简单易学、完全免费、可运行于多种操作系统、可以自行编制、帮助系统非常实用、作图能力很强等优势。R 语言之所以有这些优势，是因为 R 语言自带种类丰富、功能强大的诸多函数和软件包。

Python 软件是由吉多·范罗苏姆（Guido van Rossum）研发的。1989 年，吉多·范罗苏姆为了打发圣诞节的假期，决定开发一个新的解释程序，作为 ABC 语言的一种继承。作为吉多·范罗苏姆参与设计的一种教学语言，ABC 语言非常优美和强大且专门为非专业程序员设计，但是 ABC 语言并没有成功，吉多·范罗苏姆决定开发一种新的语言，并取名为 Python（蟒蛇）。该名字的由来是他是 BBC 电视剧——《蒙提·派森的飞行马戏团》（Monty Python's Flying Circus）的爱好者。1991 年，第一个用 C 语言实现的 Python 解释器诞生。

1.3　科技人才研究：缺失数据插补理论

1.3.1　缺失数据基本问题

科技人才研究中经常会遇到缺失数据插补的问题，从统计学角度来看，缺失数据的问题可以从缺失机制、缺失变量类别、缺失变量个数等方面分别进行论述。

　　众所周知，缺失机制包括完全随机缺失（missing completely at random，MCAR）、随机缺失（missing at random，MAR）和非完全随机缺失（not missing at random，NMAR）。MCAR 表示缺失与缺失数据部分和可观测数据部分均无关。MAR 表示缺失仅与可观测数据部分有关。NMAR 表示缺失与缺失数据部分和可观测数据部分均有关。无论是哪种类型的缺失数据，不当的处理均可能影响最终的分析结果。这是因为缺失数据会在不同程度上影响抽取数据的代表性、导出规则的准确性、统计模型的正确性。当聚焦到某个具体研究问题时，直接忽视缺失数据在分析上构成的风险会使我们仍然停留在小数据时代。当缺失问题集中于某类特定人群或发生在某些重要特征时，问题更加严重，不但数据无法代表总体，而且由于缺失重要特征变量导致相关分析工作无法顺利开展。随着数据量的扩大，缺失数据产生的比例也会相应扩大，尤其是当一个样本中出现多项缺失时，会加大处理的难度，除构造模型失去准确性之外，还存在时间复杂度方面的问题，等等。

　　以回归模型为例，存在数据缺失的变量可以是自变量，也可以是因变量。对于自变量缺失，可进一步细化为自变量缺失与因变量无关和自变量缺失与因变量有关两种类型，对于因变量缺失，也有类似的分类。通常情况下，目前已有的相关成果绝大多数或者解决自变量缺失问题，或者解决因变量缺失问题，很少有专家学者研究既可以处理自变量缺失又可以处理因变量缺失的方法。因此，本节以自变量和因变量均存在缺失为研究问题，以期提供具有一定参考价值的分析思路和处理方法。

　　从存在缺失的变量个数来看，基于回归模型的缺失变量个数可以是只有因变量存在缺失，也可以是只有一个自变量存在缺失，这些均属于缺失变量个数为 1 的情况。缺失变量个数也可以是多个，比如自变量存在缺失，因变量和一个自变量均存在缺失，以及因变量和自变量均存在缺失。本节研究的是因变量和自变量存在缺失的情况，因此，缺失变量个数是多个。

1.3.2　缺失处理方法类型

根据本节要解决的缺失问题，需要选择可用的缺失数据处理方法。一般地，现有缺失数据处理方法可大致归纳为以下几个类别（Little & Rubin，1987）：（1）基于完整观测数据部分的处理方法。这种处理思路通常会导致较大的偏差和较差的有效性。这是因为完整资料分析法剔除缺失数据，仅利用可完整观测数据，功效较低。当缺失机制不是完全随机缺失时，该方法会导致有偏估计（Little，1992）。当可观测数据不是总体的随机样本时，还会导致估计的不一致性。（2）基于插补的处理方法。用替代值（如可观测数据的均值）作为缺失数据的插补值。比如均值插补和中位数插补，这些方法实际上并未增加新的数据信息，当缺失数据的分布与总体分布或可观测数据分布不同时，用均值或中位数插补缺失数据会导致结果有偏。（3）基于模型的处理方法。基本思路是利用可观测的数据构建一个基础模型，并用似然或后验分布进行推断。通常情况下，这类方法原理及算法较为复杂。比如，程等（Cheng et al.，2018）、韦等（Wei et al.，2012）的基于分位回归的插补方法，基姆（Kim，2011）基于线性回归的分数插补法，鲁宾等（Robins et al.，1994）在此基础上提出的一系列双稳健的插补方法。而且这类方法很少处理因变量和自变量均存在缺失的情况。（4）加权处理方法。即对每一个样本赋予一定的权重。逆概率加权法（Seaman et al.，2011）成为应用最为广泛的加权处理方式之一，其主要原因在于原理简单易懂、操作易于实现、修正完整资料分析法可能带来的偏差。但其不足之处在于会影响估计量的有效性，带来较大的估计方差。

作为一种减少偏差的修正方法，参数逆概率加权法的基本原理是构建二分类变量与可完整观测变量间的 Logistic 回归，计算结果（被称为概率）取倒数作为权重，修正由缺失数据或有偏抽样带来的估计偏差。非参数逆概率加权法则主要借助非参数平滑技术，在样本量巨大以及概率密度或均值函数所知有限甚至未知时颇具优势。此外，非参数逆概率加权法的优势还表现在：当概率设定错误时，参数逆概率加权法会导致回归系数的有偏估计，而以最常见的核函数作为平滑技术，非参数逆概率加权法在概率设定错误时也可保证回归系数估计的无偏性（Wang et al.，1997）。关于缺失数据插补方法的更多具体内容详见第2章。

1.4 思考与练习

1. 请简述科技人才研究中所界定的传统统计学方法主要内容。
2. 请简述科技人才研究中所界定的互联网统计学方法的特点及构成要素。
3. 请简述科技人才研究领域中传统统计学和互联网统计学之间的异同。
4. 请列举 1~2 种在科技人才研究中采用的统计软件。
5. 请归纳互联网视角下科技人才研究中最常见的几类问题。

1.5 延展性阅读

综合统计与调查研究双向奔赴，培育大国科技人才"活水源头"*

综合统计是成事之法，调查研究是谋事之基。高质量发展离不开一套完备的综合统计数据，需要针对综合统计做扎实的基础工作。没有调查就没有发言权，没有调查就没有决策权，调查研究是获得真知灼见的源头活水，是做好工作的基本功。综合统计需要调查研究作为数据获取手段，而调查研究需要综合统计提供数据分析方法。综合统计与调查研究双剑合璧，共筑理论与实践相结合的培育场景，为推动搭建大国科技人才快速成长成才平台注入活力。

育人为本，综合统计与调查研究相得益彰

一直以来，综合统计与调查研究都表现出密切的关联性，在人才培养方面

---

* 程豪. 综合统计与调查研究双向奔赴，培育大国科技人才"活水源头"［EB/OL］.（2023－06－08）. https：//www. cnfin. com/xy_lb/detail/20230608/3877872_1. html.

尤为明显。具体表现在教育阶段的统计学科角度、工作阶段的综合统计视野以及综合统计与调查研究两者在赋能高水平科技人才培养的合力效应这三个方面。

一是综合统计与调查研究间的关系可以通过统计学的学科定义加以体现。作为一级学科，统计学是收集、处理、分析、解释数据并从数据中得出结论的科学。可以看出，数据贯穿统计学始终。根据数据收集方法，可以将其划分为观测数据和实验数据。其中，观测数据是指通过调查或观测而收集到的数据，是在没有对事物人为控制的条件下得到的几乎覆盖所有社会经济现象的数据。聚焦统计学学科范畴，统计方法本身是实现调查数据收集、处理、分析的重要理论工具，而调查数据是统计方法最重要的研究分析对象。统计方法与调查数据共同服务于重要结论的挖掘与发现。

二是调查研究在综合统计工作的贯彻落实中起着关键性作用。综合统计不完全等同于"统计学"，通常是指"综合统计工作"，是以统计学为学科背景发展起来的、在汇集业务统计资料基础上反映并分析某家单位乃至某个系统内不同方面发展状况的统计工作。综合统计的任务和作用体现在全面掌握及运用业务数据基础上，客观反映单位发展真实情况，并从中找出薄弱工作环节。调查研究在业务数据获取、真实情况刻画和薄弱环节识别这三个方面的综合统计工作中起到关键性作用。具体来说，没有扎实的调查研究就不可能全面掌握某家单位或某个系统内部的业务资料，这是开展综合统计后续工作的根基和前提。真实情况刻画和薄弱环节识别，更需要通过调查研究把握事物的本质和规律，找到破解难题的办法和路径，着力打通综合统计工作贯彻执行中的堵点淤点难点。

三是综合统计与调查研究共同推动高水平科技人才培养。广义上，综合统计与调查研究表现出学科与工作相融通、理论与实践相结合、问题与办法相依存的人才培养模式。高水平科技人才的培养首先是学习与工作能力的培养，其次是在模拟与实际场景中反复锤炼，最后才是在发现并解决问题过程中积累经验。不同领域的科技人才培养均离不开综合统计与调查研究的双力合璧。聚焦非统计调查领域的科技人才，综合统计的功能主要体现在培养统计思维的逻辑性、统计规律的敏锐度、统计技能的高效性、统计研究的严谨性，调查研究的作用主要表现在对标不同实际问题采取不同调研方式的判断和选择方面。具体表现为事关全局的战略性调研、破解复杂难题的对策性调研、新时代新情况的前瞻性调研、重大工作项目的跟踪性调研、典型案例的解剖式调研和推动落实的督查式调研共六个方面。

多措并举，营造综合统计与调查研究相结合的大国科技人才培养新生态

发挥综合统计之法、奠定调查研究之基，深入贯彻落实中共中央办公厅印发的《关于在全党大兴调查研究的工作方案》中指出的具体内容，在紧紧围绕全面贯彻落实党的二十大精神、推动高质量发展的基础上，营造综合统计与调查研究两者相结合的高水平科技人才培养新生态，具体来说，可以从以下三方面发力。

一是在新的战略环境中历练青年科技人才综合统计与调查研究实战能力。世界百年未有之大变局加速演进，不确定、难预料因素增多，国内改革发展稳定面临不少深层次矛盾，躲不开、绕不过，各种风险挑战、困难问题比以往更加严峻复杂。在新的战略环境中，科技人才也同步面临新的战略机遇和新的战略任务。在这种情况下，要勇于将青年科技人才推送到重要的工作岗位，激励他们将专业化的综合统计理论和调查研究手段转化并上升为一种实战能力，把握事物的本质和规律，找到破解难题的办法和路径。

二是在新的战略阶段中提升广大科技人才综合统计与调查研究规划能力。如今，我国社会主义将从初级阶段向更高阶段迈进。全面建设社会主义现代化国家的新的战略任务明确，标志着我国进入了新发展阶段。在新的战略阶段，科技人才不但需要深扎实干、苦心钻研，还需要结合实际情况，谋篇布局、立足长远。在充分发挥综合统计与调查研究各自优势以及合力效应基础上，让广大科技人才摆脱技术枷锁，高效合理分配时间精力，长远规划综合统计与调查研究的事业发展。

三是在新的战略要求中锤炼大国科技人才综合统计与调查研究领导能力。我国社会主要矛盾的变化是关系全局的历史性变化，对党和国家工作提出了许多新的战略要求。科技人才要能深耕、懂团结、善领导，借助综合统计与调查

研究之利刃，带领广大科技工作者持续推动经济社会发展，大力提升发展质量和效益。在国内国际舞台，充分展现可与大国工匠相媲美的大国科技人才，以宽阔的视野、广博的胸襟、高尚的情操、丰富的经验、过人的才干和果敢的魄力，展现综合统计与调查研究的领导能力。

第 2 章

大规模科技人才问卷调查统计方法

2.1 研究背景与意义

一项大规模问卷调查的设计需要考虑诸多因素。在大数据背景下，首先需要招募和选择覆盖全国范围、满足结构特征的海量被调查对象，其次对被调查者信息的需求更为细致、问卷题量更为巨大。于是，大规模问卷调查往往形成一份较长的问卷和较大的发放数量，因此需要每位被调查对象投入更多时间、更多精力接受问卷调查。相应地，大规模问卷调查工作的开展需要更多人力、物力和财力加以支持。

研究者总是希望获取反映被调查者全体的、足够精确且充分详细的调查数据信息。这意味着大规模问卷调查需要足够大的样本量（减小抽样误差）和足够好的测量工具（减小观测误差）。但是，实际经验和已有研究表明，样本量与投入成本（人力、物力和财力）呈正相关，问卷的篇幅与数据质量呈负相关。这是因为，每发放一份问卷，都需要提供配套的时间、调查资源和资金支持，冗长的问卷容易造成被调查对象的疲惫感，使其产生消极情绪，从而增加问卷拒访率、无填答率和错答率。即便在收到问卷调查数据后，进行数据清理、删除无效问卷，也可能因为被调查对象的疲惫和反感而降低有效问卷数据的质量。尤其是在数字经济时代，人们的工作、生活节奏加快，时间存在高度碎片化的特征，被调查对象很容易出现拒答、错答和中途退答的情况。因此，大规模问卷调查更需要克服调查成本、问卷体量等方面带来的诸多挑战。科学制定样本量、基于结构特征进行问卷分割是克服调查成本大、问卷题量庞杂的有效途径。

此外，大规模问卷调查往往涉及不同调查对象群体（即被调查对象具有异质性），比如，一线城市、二线城市以及边缘地区等。受经济、文化因素的影响，被调查对象在回答同一问题时往往会有不同的答案，这时通过调查问卷回收的有效调查数据分析，需要考虑不同水平下变量间关系的差异化问题。因此，多水平关系量化对于测度不同题目间关系非常有帮助。它能够刻画出不同水平下一个变量随另一个变量的变化情况，同时勾勒出大规模调查背景下变量间关系的全貌。

综上所述，本节主要讨论兼顾总体结构特征的样本量测算与分配方法、基于结构特征的问卷分割设计以及多水平关系量化方法三个方面的研究问题。

2.2　大规模科技人才问卷调查的基本问题

2.2.1　科技人才样本量测算问题

本节讨论的样本量测算需要考虑总体的结构特征（比如不同地域分布特征、不同职业类型特征等），以保证样本能够充分代表总体。但是，这并不意味着样本量测算结果越大越好，过大的样本量需要过多的成本投入。有时，实际可获取的样本量会受到客观有限资源（比如调查费用、调查访员数量）的限制，可能无法满足巨大的样本量需求。相反，过小的样本量则会导致所获取样本无法覆盖总体的所有结构特征，造成抽样误差增大，影响抽样推断的可靠程度。综合考虑，样本量测算可参考科克伦（Cochran）样本量测算模型：$n = Z_{\alpha/2}^2 p(1-p)/E^2$。其中，$\alpha$ 表示显著性水平，$Z_{\alpha/2}$ 表示 Z 统计量，p 表示概率值，E 表示误差值。

不妨假设问卷有效率为 r，则样本量（记为 s）的测算方法为：

$$s = Z_{\alpha/2}^2 p(1-p)/(r \times E^2) \tag{2.1}$$

通常，显著性水平 α 为 0.01 和 0.05，对应地，统计量 $Z_{\alpha/2}$ 取值为 2.58 和 1.96。概率值 p 可以考虑 $p(1-p)$ 达到最大值的情况，即 p 为 0.5。为了尽可能保证测算的精确性，误差限 E 为 0.01。问卷有效率 r 与调查渠道和方式、问卷容量和质量等诸多因素相关，通常通过预调查获得问卷有效率 r 的具体取值。根据某项已开展的电话预调查结果，问卷有效率为 20%。假定问卷的有效回收率为 20%，当显著性水平 α 为 0.01 时，样本量初步估计为：$s = 2.58^2 \times 0.25 / (0.20 \times 0.01^2) = 83205$；当显著性水平 α 为 0.05 时，样本量初步估计为：$s = 1.96^2 \times 0.25 / (0.20 \times 0.01^2) = 48020$。

由样本量测算公式可知，样本量的测算并未考虑具体研究对象特征，更未涉及总体结构特征信息。因此，需要进一步结合被调查对象结构特征信息和预调查的结果，估计出问卷有效率，并合理分配样本，以符合总体结构特征。

2.2.2 科技人才样本量分配问题

在完成样本量测算的基础上，进一步讨论样本量在不同类型结构特征的分配问题。在大规模问卷调查中，不同调查对象往往具有不同的结构特征（比如地域、职业类型）。在这种情况下，需要将总体分为几个层次，并按照一定方式（按比例和不按比例）将样本量分配到各个层次中，以保证样本能够充分代表总体。其中，分层按比例抽样可以更好地更精确地计算各层的样本量，提高样本的代表性，避免出现简单随机抽样中集中于某些结构特征或遗漏掉某结构特征的问题。

具体来说，以结构特征为标准，将研究对象划分为不同层次，每层按照一定比例分配样本量配额。比如，《职业分类大典》中职业分类结构共分 8 个大类、75 个中类、434 个小类、1481 个职业。科技工作者职业共涉及《职业分类大典》中的 6 个大类、50 个中类、183 个小类、677 个职业，占《职业分类大典》全部职业总数的 45.7%。在实现样本量分配时，以科技工作者职业大类为分层标准，将每一大类职业作为一层，将各个大类所包括中类、小类、职业数量在所有中类、小类、职业总量中的占比作为分配比例，对样本量进行分配。假设存在一个标识样本结构特征且结构特征共有 I 类的变量 $V_i, i = 1, \cdots, I$。表 2.1 给出了以结构特征为分类标准，根据各类结构特征包括一些细化指标（比如中类、小类、职业）（记为 $Ind_j, j = 1, \cdots, J$）具体数量（比如中类数量、小类数量、职业数量）的占比计算分配比例的方法。为方便表述，记属于V_i的细化指标Ind_j的具体数量为$S_{ij}, i = 1, \cdots, I, j = 1, \cdots, J$，则计算样本分配比例（记为$R_i, i = 1, \cdots, I$）的公式为：

$$R_i = F_1(S_{i1}, \cdots, S_{iJ}) / F_2(S_{11}, \cdots, S_{1J}, \cdots, S_{I1}, \cdots, S_{IJ}) \qquad (2.2)$$

其中，F_1和F_2表示某一种函数表达式。通过确定F_1和F_2的具体计算方式，得到样本分配比例。比如，当F_1和F_2均为求和函数时，属于V_i的样本分配比例为属于第 i 类结构特征V_i的所有细化指标具体数量之和除以所有结构特征的所有细化指标具体数量之和。

表 2.1　　　　　　　　　　　　样本分配方法

层编号	分层依据	分配比例	分配比例计算依据
1	属于第 1 类结构特征V_1的样本	$R_1 = \dfrac{F_1(S_{11}, \cdots, S_{1J})}{F_2(S_{11}, \cdots, S_{IJ})}$	属于第 1 类结构特征V_1的所有细化指标 I 的数量与属于所有结构特征的细化指标数量之比
2	属于第 2 类结构特征V_2的样本	$R_2 = \dfrac{F_1(S_{21}, \cdots, S_{2J})}{F_2(S_{11}, \cdots, S_{IJ})}$	属于第 2 类结构特征V_2的所有细化指标 I 的数量与属于所有结构特征的细化指标数量之比
……	……	……	……
I	属于第 I 类结构特征V_I的样本	$R_I = \dfrac{F_1(S_{I1}, \cdots, S_{IJ})}{F_2(S_{11}, \cdots, S_{IJ})}$	属于第 I 类结构特征V_I的所有细化指标 I 的数量与属于所有结构特征的细化指标数量之比

2.2.3　大规模调查问卷设计问题

问卷分割设计的思想最早由古德（Good，1969）提出，相关学者在此基础上进行了大量研究。假设一份问卷的题目可划分为必答题组和随机题组共两类。其中，必答题组包括背景信息相关题目（记为 B）、与研究主题紧密相关或非常重要的题目（记为 X）以及代表研究问题或研究目标的响应变量的题目（记为 Y，有些问卷不涉及代表响应变量的题目）。随机题目可简单理解为不是所有被调查对象都需要回答的题目（记为 Z），可等分为 K 个组（记为$Z_1, \cdots, Z_K$）。

随机题目的分配需要考虑如下基本原则：将反映被调查对象同一方面或者相关性很强的题目尽量分配到不同组中。通过这种分配原则，一方面可以增加组间变量的相关性，即便某一组随机题目存在缺失，也可以利用其他组数据与带缺失组数据的相关性进行插补；另一方面可以保证每组题目数量较为均衡，在一定程度上甚至可以帮助确定分组数（即 K 的取值）。

通常，基于问卷分割技术发放问卷时，需要将样本分为完整样本和缺失样本。即一小部分对总体具有一定代表性的样本需要回答整个问卷（被称为完整样本），其余被调查对象只需要回答必答题和一组随机题（被称为缺失样本）。结合总体结构特征，无论是完整样本还是缺失样本，都需要覆盖所有结构特征。具体来说，完整样本需要在各类结构特征中都存在一定量的样本，缺失样本同样如此。

假设表 2.2 中的问卷共有 S 个问题，那么理论上，通过问卷分割设计可以将该问卷分成 $2^S - 1$ 种不同版本的问卷。显然，这种设计带来过多的问卷版本数量（指数函数增长），在现实中不易操作，很少被采用。最简单易行的问卷分割技术是三式设计法。该方法要求在完整版问卷的基础上建立三种形式的问卷，每种形式之间有 2/3 的条目是重叠的。在调查实施过程中只要求每个参与者回答一种形式的问卷。三式设计（或多式设计）是大部分问卷分割设计（有计划缺失设计）的原型，由于问卷中的问题通常存在某几个问题反映被调查对象同一方面的组结构，即同一组问题的答案存在较高相关性，因此有研究者关心问卷中问题的分配方式，如何分配可以使缺失设计带来的信息损失最小。

表 2.2 问卷分割设计

样本类型	结构特征	必答题			选答题		
		B	X	Y	Z_1	$\cdots$	Z_K
完整样本	V_1	$b_{11},\cdots,b_{n_11}$	$x_{11},\cdots,x_{n_11}$	$y_{11},\cdots,y_{n_11}$	$z_{111},\cdots,z_{n_111}$	$\cdots$	$z_{11K},\cdots,z_{n_11K}$
	$\cdots$	$\cdots$	$\cdots$	$\cdots$	$\cdots$		$\cdots$
	V_I	$b_{1I},\cdots,b_{n_II}$	$x_{1I},\cdots,x_{n_II}$	$y_{1I},\cdots,y_{n_II}$	$z_{1II},\cdots,z_{n_III}$	$\cdots$	$z_{1IK},\cdots,z_{n_IIK}$
缺失样本	V_1	$b'_{11},\cdots,b'_{m_11}$	$x'_{11},\cdots,x'_{m_11}$	$y'_{11},\cdots,y'_{m_11}$	$z'_{111},\cdots,z'_{m_111}$	$\cdots$	$z'_{11K},\cdots,z'_{m_11K}$
	$\cdots$	$\cdots$	$\cdots$	$\cdots$	$\cdots$		$\cdots$
	V_I	$b'_{1I},\cdots,b'_{m_1I}$	$x'_{1I},\cdots,x'_{m_1I}$	$y'_{1I},\cdots,y'_{m_1I}$	$z'_{1II},\cdots,z'_{m_111}$	$\cdots$	$z'_{11K},\cdots,z'_{m_11K}$

注：灰色标记的是缺失部分，即没有被调查者填答。

通过问卷分割设计收集到的数据中存在大量的缺失，这种缺失与通常情况下普遍存在的缺失数据不太相同，主要表现在问卷分割技术的缺失属于有计划的缺失，而不是出于一些敏感、偶然或不可抗力因素，比如受访者对敏感话题的回避、机器故障导致测试数据缺失等，或者由于个人的主观局限、无意失误或有意隐瞒造成的数据缺失，比如数据收集人员有限时间内未能完成数据收集工作、数据录入人员无意漏录了数据、社会调查中受访者拒绝回答其中的一些问题等。

缺失机制包括完全随机缺失、随机缺失和非完全随机缺失。为了方便定义三种缺失机制，令 $Y = (y_{ij})$ 为数值矩阵，y_{ij} 表示第 i 个观测对象、第 j 个变量 Y_j 的取值。定义缺失数据示性矩阵 $M = (m_{ij})$，当 $m_{ij} = 1$ 时，y_{ij} 缺失；当 $m_{ij} = 0$ 时，y_{ij} 不缺失。那么，完全随机缺失表示缺失与数值矩阵 $Y = (y_{ij})$ 的缺失数据部分和可观测数据部分均无关，即在给定 Y 的条件下 M 的条件分布函数与 Y 无关，$f(M|Y) = f(M)$。随机缺失表示缺失仅与数值矩阵 $Y = (y_{ij})$ 的可观测数据部分有关，即在给定 Y 的条件下 M 的条件分布函数与 Y 中的缺失数据无关，与可观测的数据有关，$f(M|Y) = f(M|Y_{obs})$。非完全随机缺失表示缺失与数值矩阵 $Y = (y_{ij})$ 的缺失数据部分和可观测数据部分均有关。问卷分割技术带来的有计划缺失是由已经观测到的数据决定的，不依赖于未观测数据本身，所以符合随机缺失机制。

假设调查问卷存在响应变量，即在获得调查数据后需要研究响应变量和某些影响因素（被称为自变量）之间的回归关系，那么，问卷分割技术所带来的有计划缺失问题可归纳为因变量存在随机缺失且自变量完整观测、自变量存在随机缺失且因变量完整观测以及自变量和因变量均存在随机缺失三类：（1）因变量存在随机缺失且自变量完整观测，即因变量随机缺失仅与所有变量的可观测数据部分有关。（2）自变量存在随机缺失且因变量完整观测，即自变量随机缺失仅与所有变量的可观测数据部分有关。（3）自变量和因变量均存在随机缺失，即因变量和自变量随机缺失仅与所有变量的可观测数据部分有关。此外，前面提到的三式设计所产生的是完全随机缺失数据，使用现代缺失值处理所得参数估计结果是无偏的，其唯一的不足是可能损失统计功效。然而功效的损失与缺失率关系不大，主要取决于变量间预期相关效果量的大小。如果研究假设的相关性不强，在产生三种形式问卷时，各形式问卷之间重叠比例尽量大，同时将预期相关较弱的变量同时放到随机题组中。

面对问卷分割技术带来的缺失数据问题，需要充分考虑不同组随机题目间的相关性，并根据这种相关性获得缺失数据的插补值。因此，有计划缺失数据的插补不是得到缺失数据最好的预测值，而是用合适的值代替缺失值，从不完整观测中挖掘出对推断总体参数有用的信息。在不同缺失机制的情况下，缺失数据处理方法通常包括基于完整观测数据部分的处理方法（如完整资料分析法）、加权处理方法（如逆概率加权法）、基于插补的处理方法（如热卡插补法）、基于模型的处理方法（如多重插补法）四类。基于完整观测数据部分的处理方法和加权处理方法仅仅用到完整观测的数据，对于问卷分割技术带来的有计划缺失，这两类方法意味着在问卷分割设计时就已决定了缺失样本（只需要回答必答题和一组随机题）无法纳入分析。基于模型的处理方法较为复杂。相比之下，热卡插补法在处理问卷分割调查数据上具有优良性质，其基本思想可概括为：依据完整观测和带缺失观测共同观测到的特征，用完整观测对应变量的值来填补带缺失观测上缺失变量的值。根据观测时是否带有随机性，可以分为"随机热卡法"和"确定性热卡法"。"随机热卡法"从完整观测提供的所有可能的插补值中随机选取一个值作为缺失值的代替值，而"确定性热卡法"只选取某个确定的值作为插补值，例如，最近距离热卡法选取完整观测中与带缺失观测最接近的那个观测提供的值。热卡插补法在处理问卷分割调查数据上的优良性质主要表现在：（1）不依赖于任何参数模型；（2）不需要假设数据的分布。因此，热卡插补法对模型和数据分布相对不敏感，不需要研究者准确地估计数据的分布和变量之间的关系，有效避免因模型误设而对参数估计带来的严重偏差。因此，热卡插补法在问卷分割调查数据中更为合适。

但是，热卡插补法需要假定两个观测之间存在一定的相似性。一方面，在对随机题进行分组时，将反映被调查对象同一方面或者相关性很强的题目尽量分配到不同组中；另一方面，需要选择合适的相似性度量指标，计算不同组题目之间的相似性。在实际运用中，主要有以下四种测量指标。

（1）欧氏距离是计算欧式空间中两点之间距离的方法。欧式距离最大的问题在于它将向量在不同分量上的差异等同看待，这一点有时不能满足实际要求。（2）余弦相似度用两个向量夹角的余弦值来度量两个向量的相似度。余弦相似度度量的是两个向量在 n 维空间里方向上的接近程度，而对绝对数值不敏感。这一特性对某些数据适用，但在对绝对数值有意义的情况下就不再适用。（3）马氏距离表示的是数据的协方差距离。它是一种有效的计算两个未知样本集的相似度的方法，它考虑到各种特性之间的联系并且是独立于测量尺度的。因此，马氏距离有很多优点：马氏距离不受量纲的影响，两点之间的马氏距离与原始数据的测量单位无关；由标准化数据和中心化数据计算出的两点之间的马氏距离相同。马氏距离还可以排除变量之间的相关性的干扰。但是马氏距离只能用于连续型变量，当数据中含有分类型变量时，马氏距离就不再适用。（4）核函数定义了输入空间到特征空间的一种非线性映射，将向量之间的相似度定义为向量各分量计算核函数值的乘积。这种乘积形式的假设虽然忽略了变量之间的相关性，但是是有效的。对于连续型变量，可采用高斯核函数计算题目间相似度。对于分类型变量，可采用拉辛和李（Racine & Li, 2004）提出的核函数，通过用格点法枚举一些取值范围内的值，选择使得模型预测效果最好的宽度参数值。

2.3　科技人才样本量的分层按比例抽样方法

2.3.1　传统抽样调查方法

传统抽样调查方法通常需要遵循一定的随机原则进行抽样，被选中的每个单位都是按照一定的机会或概率被纳入到样本中的。这类传统抽样调查方法属于概率抽样范畴，当然也存在非概率抽样。本节仅论述概率抽样这类的传统抽样调查方法。简单随机抽样就是从总体中随机地逐一抽取一定数量的个体作为样本。这里的随机代表的就是每个个体被抽中的概率是相等的。在简单随机抽样的基础上，结合场景特点和实际操作，可具体划分为分层抽样、整群抽样、系统抽样和多阶段抽样。其中，分层抽样是将抽样单位按某种特征或某种规则划分为不同的层，然后从不同的层中独立、随机地抽取样本。下一节将通过分层按比例分配方法具体介绍分层抽样的基本原理和思路。

整群抽样是指将总体中若干个单位加以合并，形成若干个群，通过简单随机的方式抽取部分群，并对群中的所有单位全部实施调查。其中，群的合并标准主要是将地理位置邻近或隶属于同一系统的单位划分为一个群。整群抽样适用于不同群分布分散、为节约调查费用、方便调查实施的情形。从实际角度来看，整群抽样更多考虑了调查开展过程中地理、交通、经费因素，是为方便调查的开展而采取的一种传统抽样调查方法。当然，根据群的合并标准可以看出，同一个群内的单位之间相似度相对较高，对于是否满足样本相互独立性假设以及是否能够充分代表总体，都可能会存在一定的影响。

系统抽样是另外一种"系统性的""有组织的"传统抽样调查方法。将总体中的所有单位按一定顺利排列，随机抽取一个单位作为初始，再确定一个固定间隔，从初始单位开始，每隔一个固定间隔选取一个单位，从而形成所有样本。显然，系统抽样的关键要素包括"初始单位"和"固定间隔"，一旦通过简单随机抽样的方式抽取初始单位，就确定了每隔固定间隔抽取一个样本的抽样线路。系统抽样的主要优点是操作简单，便于有组织地确定样本。缺点在于对估计量的方差估计较为困难。

多阶段抽样更多反映的是一种抽样调查方法的思路和框架。核心思想是将总体中的所有单位按照不同层次多步骤实现抽样。第一阶段是抽取初级单位，第二阶段是抽取二级单位，……，以此类推。每个阶段的抽样方法采用简单随机抽样。多阶段抽样的一个优点在于将较为复杂的总体划分为不同的子总体，先抽取部分子总体，再以这些被抽中的子总体为研究对象，完成进一步抽样。另一个优点在于广义上的多阶段抽样方便在多个阶段的框架下实现不同传统抽样调查方法的组合。传统的多阶段抽样方法的每个阶段都采用的是简单随机抽样。

2.3.2　分层按比例分配方法

在传统的抽样调查方法中，还有一种是分层抽样方法。这种方法是将抽样单位按某种特征或规则划分为不同的层，然后从不同层中独立随机地抽取样本，最终将不同层的样本汇总起来，作为样本全体。分层按比例分配方法是在分层抽样方法的基础上，计算各个层的比例，确定分配方案。通常，分层按比例分配方法是在总体已知的情况下进行的，实现如何将样本总量分配下去。而样本总量的预先确定需要综合调查经费规模、调查数据分析需求乃至统计模型参数估计需求等多方面因素。下面以面向全国的某行业科技人才职业发展满意度抽样调查为例，给出具体计算方案。

本次抽样调查的目的是通过调查面向全国的某行业科技人才职业发展满意度情况及影响因素，为某行业不同单位提高服务水平提供参考。具体地，根据面向全国的某行业科技人才职业发展满意度调查的项目需求，设计评价科技人才职业发展满意度的指标体系，包含全行业、地区、单位、分支机构以及不同业务工作内容的评价。根据满意度评价的要求，依据满意度指标体系，分别设计不同业务工作内容（业务1、业务2、业务3、业务4、业务5）支撑下的调查问卷各一套，共五套。根据满意度指数编制需要，计算总样本量为5000。按照分层按比例抽样方法，将样本分配到各某行业不同单位、分支机构以及各项业务工作内容。

综合考虑统计分析结果科学性、成本费用及可行性，建议总样本量为5000，进而依据分层比例抽样的原则完成样本量的分配。首先，对各某行业不同单位的实际业务量进行统计，详见表2.3（某行业不同单位按照实际总业务量由大到小排序）。

表 2.3　　　　　　　　某行业不同单位实际业务量统计情况　　　　　　单位：项

名称	分支机构数量	业务 1	业务 2	业务 3	业务 4	业务 5	合计
单位 A	20	500	500	500	500	500	2500
单位 B	20	450	450	450	450	450	2250
单位 C	20	400	400	400	400	400	2000
单位 D	15	350	350	350	350	350	1750
单位 E	15	300	300	300	300	300	1500
单位 F	15	250	250	250	250	250	1250
单位 G	10	200	200	200	200	200	1000
单位 H	10	150	150	150	150	150	750
单位 I	10	100	100	100	100	100	500
合计	135	2700	2700	2700	2700	2700	13500

其次，对各地区的实际业务量进行统计，详见表2.4（地区按照实际总业务量由大到小排序）。

表2.4　　　　　　　　各地区实际业务量统计情况　　　　　　　单位：项

地区	业务1	业务2	业务3	业务4	业务5	合计
厦门	300	300	300	300	300	1500
宁波	250	250	250	250	250	1250
天津	300	300	300	300	300	1500
重庆	300	300	300	300	300	1500
陕西	300	300	300	300	300	1500
福建	250	250	250	250	250	1250
上海	350	350	350	350	350	1750
北京	350	350	350	350	350	1750
广东	300	300	300	300	300	1500
合计	2700	2700	2700	2700	2700	13500

根据表2.3和表2.4给出的不同单位、各地区（分支机构）及各环节实际业务量、各地区及各环节实际业务量的分布特点，确定抽样思路及基本原则。

抽样方案的样本分配原则：分层按比例抽样。具体步骤如下。

第一步：根据各某行业不同单位所属分支机构数量及业务量进行分层（分层依据及分层比例见表2.5）。

表2.5　　　　　　　　　分层及各层样本分配比例

分层	分层依据	名称	分层比例
1	业务量合计大于1800，分支机构数量20	单位A 单位B 单位C	$100\% \times 1800 \times 20/$ $(1800 \times 20 + 1200 \times 15 + 600 \times 10)$ $=60\%$
2	业务量合计大于1200且小于1800，分支机构数量15	单位D 单位E 单位F	$100\% \times 1200 \times 15/$ $(1800 \times 20 + 1200 \times 15 + 600 \times 10)$ $=30\%$
3	业务量合计大于600且小于1800，分支机构数量10	单位G 单位H 单位I	$100\% \times 600 \times 10/$ $(1800 \times 20 + 1200 \times 15 + 600 \times 10)$ $=10\%$

第二步：根据各某行业不同单位分支机构及各环节业务量，分配每个某行业不同单位分支机构各环节的样本量。

需要说明的是：为保证满意度指数建模的科学性和稳健性，分支机构和单位需完成 100 个成功样本，各项业务需完成 20 个成功样本。主要考虑的是分支机构和单位的满意度指数建立在指标数量较多的指标体系基础上，而各项具体业务仅建立在部分指标体系基础上。指标数量决定指数中待估参数（权重）数量，参数识别和通过显著性检验需要保证一定样本量。通过预调查可知，不同问卷的成功回访率均在 25% 左右，故分支机构和单位只有业务量达到 400（100 除以 25%）才考虑计算相应满意度指数，各项业务量只有业务量达到 80（20 除以 25%）才考虑计算相应满意度指数：

（1）不同单位业务量大于等于 400，才考虑构建单位满意度指数；

（2）分支机构总业务量大于等于 400，才考虑构建分支机构满意度指数；

（3）不同单位各项业务量大于等于 80，才考虑构建单位满意度指数；

（4）不同分支机构各项业务量大于等于 80，才考虑构建分支机构各业务量满意度指数。

由表 2.3 和表 2.4 可知，上述（1）~（4）项满意度指数均可以构建，在实际分配样本量时注意保证满足不同单位业务量大于等于 400、分支机构总业务量大于等于 400、不同单位各项业务量大于等于 80、不同分支机构各项业务量大于等于 80 的要求。表 2.6 给出不同单位各分支机构各项业务的样本分配量。需要说明的是，样本分配量一定要小于等于实际存在的业务量。比如，单位 A 在北京的分支机构在业务 1 的实际业务量为 80，那么样本分配量为 35 是切实可行的。

表 2.6　　　　　某行业不同单位分支机构各环节业务量　　　　单位：项

名称	地区	业务 1	业务 2	业务 3	业务 4	业务 5	合计
单位 A	北京	35	35	35	35	35	800
	广东	40	40	40	40	40	
	上海	35	35	35	35	35	
	天津	50	50	50	50	50	

名称	地区	业务1	业务2	业务3	业务4	业务5	合计
单位B	北京	35	35	35	35	35	925
	福建	30	30	30	30	30	
	广东	40	40	40	40	40	
	宁波	80	80	80	80	80	
单位C	广东	40	40	40	40	40	550
	上海	35	35	35	35	35	
	北京	35	35	35	35	35	
单位D	辽宁	80	80	80	80	80	625
	陕西	45	45	45	45	45	
单位E	重庆	80	80	80	80	80	575
	上海	35	35	35	35	35	
单位F	福建	30	30	30	30	30	350
	厦门	40	40	40	40	40	
单位G	福建	30	30	30	30	30	325
	上海	35	35	35	35	35	
单位H	陕西	45	45	45	45	45	425
	厦门	40	40	40	40	40	
单位I	北京	35	35	35	35	35	425
	天津	50	50	50	50	50	
合计		1000	1000	1000	1000	1000	5000

在不考虑每个科技人才背景信息差异的前提下，样本抽取采取等距抽样的方式，等距抽样的基本思路是：（1）将数据库中的所有科技人才根据某一指标进行排序，然后根据排序给每位科技人才进行编号；（2）确定抽样间距，即将某行业不同单位分支机构各环节的业务量/应抽取的样本量作为抽样间距；（3）随机抽取其中一位科技人才作为起点，作为第1个样本，然后按抽样间距等距离抽取第2人、第3人……直至达到样本量。

基于表2.6可以进一步汇总出不同单位和分支机构的样本分配量，具体分别见表2.7和表2.8。

表2.7　　　某行业不同单位业务量样本分配情况　　　单位：项

名称	业务1	业务2	业务3	业务4	业务5	合计
单位A	160	160	160	160	160	800
单位B	185	185	185	185	185	925
单位C	110	110	110	110	110	550
单位D	125	125	125	125	125	625
单位E	115	115	115	115	115	575
单位F	70	70	70	70	70	350
单位G	65	65	65	65	65	325
单位H	85	85	85	85	85	425
单位I	85	85	85	85	85	425
合计	1000	1000	1000	1000	1000	5000

表2.8　　　　分支机构业务量样本分配情况　　　单位：项

地区	业务1	业务2	业务3	业务4	业务5	合计
北京	140	140	140	140	140	700
福建	90	90	90	90	90	450
广东	120	120	120	120	120	600
辽宁	80	80	80	80	80	400
宁波	80	80	80	80	80	400
厦门	80	80	80	80	80	400
陕西	90	90	90	90	90	450
上海	140	140	140	140	140	700
天津	100	100	100	100	100	500
重庆	80	80	80	80	80	400
合计	1000	1000	1000	1000	1000	5000

2.4 大规模科技人才调查问卷分割方案设计

2.4.1 问卷分割调查整体框架

在科技人才研究领域开展的调查研究中，时常会发生"大样本量"和"大问题量"的情况。这两类情况将增加科技人才填报负担，甚至影响数据质量，导致科技人才研究无法真正揭示实际规律。在这种情况下，可以考虑采用问卷分割技术。对问卷进行分割的基本前提是对问卷的结构进行归纳和分类。这种归纳和分类的标准或依据均建立在研究问题与具体内容基础上。

根据研究问题的不同类型，问卷结构分类需要考虑有监督和无监督两种情形。第一种情形是考虑研究问题不涉及响应变量，即无监督。第二种情形是考虑研究问题中包括响应变量（记为 Y），即有监督。具体来说，在科技人才流动影响因素研究中，表达科技人才流动的流入量、流出量和流动总量可视为响应变量。问卷中的其他部分可归纳为三个部分：科技人才基本信息，记为 D，比如年龄、学历、性别等；所有科技人才的必答问题，记为 Z；科技人才可选择回答的问题，记为 X。经过对问卷结构的分解，可形成如表 2.9 所示的归纳和分类结果。

表 2.9 问卷结构划分

类型	有监督	无监督
响应变量	Y	
基本信息	D	D
必答问题	Z	Z
选答问题	X	X

对于选答问题 X，可以根据是否反映科技人才某一个方面特征或者问题间相关性强度进一步划分为 K 个组，记为 $X_1, X_2, \cdots, X_K$。在这种情况下，当某

一组变量缺失时，就可以利用其他组数据与该缺失组数据的相关性进行插补。

在上述问卷结构研究基础上，回答问题的科技人才也需要分为两类：一类科技人才需要回答所有问题，另一类科技人才只需要回答部分问题。需要说明的是，需要回答所有问题的科技人才只是总体中的一小部分且对总体具有一定的代表性。所以这一类科技人才会形成完整数据。相应地，只需要回答部分问题的科技人才会形成缺失数据。

综合上述内容，在科技人才研究中，问卷分割调查整体框架需要从两个维度进行解释：第一个维度是问卷题目的设置，具体包括必答题组和随机题组两类。必答题组包括科技人才研究的响应变量 Y（如果属于有监督情形）、科技人才基本信息 D 以及所有科技人才的必答问题 Z。随机题组包括在科技人才可选择回答问题 X 中被随机抽中的问题（记为 X_*）以及 X 中未被随机抽中的问题（记为 $X_\#$）。第二个维度是受访对象的设置。假设受访对象总数为 N，前 n 个受访对象属于第一类科技人才，需要回答所有必答题组和随机题组问题，后 N−n 个受访对象属于第二类科技人才，仅回答必答题组和随机题组中被抽中的问题。表 2.10 为问卷分割调查整体框架。

表 2.10 　　　　　　　　　　　**问卷分割调查整体框架**

受访科技人才		必答题组			随机题组	
		响应变量	基本信息	必答问题	被随机抽中	未被随机抽中
类型	序号	Y	D	Z	X_*	$X_\#$
需要回答所有问题	1	√	√	√	√	√
	…	√	√	√	√	√
	n	√	√	√	√	√
只需要回答部分问题	n+1	√	√	√	√	×
	…	√	√	√	√	×
	N	√	√	√	√	×

需要说明的是，问卷分割调查整体框架中"√"表示的是已回答，"×"表示的是未回答。为方便展示，表 2.10 将随机题组中未被随机抽中的题目统一标记为"$X_\#$"列，这并不意味着只需要回答部分问题的科技人才（n+1,…,N）在选择回答哪些问题方面完全一致。经总结，问卷分割的调查

方法步骤如下：（1）对问卷中的问题进行分组，假设除去响应变量、基本信息和必答问题后，其余问题反映了受访者几个方面的特征，将这些问题尽量均匀地分成 K 个组，使得反映同一方面的问题尽量分散到不同的组；（2）选取 n 个有一定代表性的受访者，调查所有问题，收集完整数据；（3）对于第 n + i 个受访者，根据已经收集到的 n + i − 1 个受访者的数据，确定该受访者回答随机题组的概率分布，以这个概率分布抽取一组让该受访者回答；（4）采用缺失数据插补方法，填补随机组未被随机抽中的问题的空缺，完成必要的参数估计。

2.4.2 问卷分割数据插补方法

问卷分割设计使得收集到的数据中有大量观测是带有缺失的，并且经过问卷分割设计的有机组织，问卷中哪些数据发生缺失是由已经观测到的数据决定的，与缺失数据本身没有关系，这符合统计学里缺失机制中随机缺失的定义。这里介绍三类复杂的缺失数据插补方法。

2.4.2.1 逆概率加权多重插补法

作为现有多重插补法（Wei, Ma & Carroll, 2012）的核心内容之一，求得 x 中缺失部分的插补值需要完成概率密度函数 $f(x|y,z)$ 的估计，即通过 $f\{y|x,z;\beta_0(\tau)\}$ 和 $f\{x|z;\eta(\tau)\}$ 两部分完成估计，其中，$\beta_0(\tau)$ 和 $\eta(\tau)$ 是两个真实的分位系数过程。这是因为：

$$f(x|y,z) = (f(x,y|z))/(f(y|z)) = f(x|z)f(y|x,z)/f(y|z) \qquad (2.3)$$

为了完成逆概率加权对样本的修正，$\beta_0(\tau)$ 和 $\eta(\tau)$ 的估计值一定是逆概率加权以后的参数估计结果。此外，在完成缺失插补后，逆概率加权多重插补法的分位回归估计量也是逆概率加权的结果。

具体来说，在逆概率加权多重插补法中，需要先计算逆概率权重。将根据缺失数据生成 0 − 1 二值变量（记为 observed）作为因变量，以已知的数据变量（z 和 y）为自变量，建立 logistic 回归，将计算结果的倒数作为权重 ω_{IPW}。这一步是逆概率加权多重插补法的前提。在估计概率条件密度函数 $f(x|y,z)$

之前，仅用可观测的完整数据计算分位回归系数估计值。基于完整数据部分，以 y 为因变量，以 x 和 z 为自变量，建立逆概率加权的分位回归，将回归参数的估计结果记为 $\hat{\beta}_{n_1,\tau}$。对于任意分位水平 τ，$\hat{\beta}_{n_1,\tau} = \arg\min_\beta \sum_{i=1}^{n_1} \omega_{\text{IPW}} \rho_\tau\{y_i - (x_i^T, z_i^T)\beta\}$，$\rho_\tau(r) = r\{\tau - I(r < 0)\}$ 是非对称的 L_1 损失函数。

（1）在 $f\{x | z; \eta(\tau)\}$ 的估计中，以 ω_{IPW} 为权重，建立基于 x 和 z 可观测完整数据部分的加权线性回归。参数估计结果记为 ab_{IPW}，计算（残差平方和/自由度）的平方根，记为 δ_{IPW}。将 ab_{IPW} 和 δ_{IPW} 定义为 $\widehat{\eta_{\text{IPW}}}$。此时，条件密度函数 $f(x | z, \hat{\eta})$ 为 $f(x | z, \widehat{\eta_{\text{IPW}}})$。

（2）根据现有多重插补法，完成 $f\{y | x, z; \beta_0(\tau)\}$ 的估计后，利用 $\hat{f}(x | y, z) \propto \hat{f}\{y | x, z; \hat{\beta}_{n_1}(\tau)\} f(x | z, \widehat{\eta_{\text{IPW}}})$，即可完成逆概率加权多重插补法的核心部分，并获得缺失数据的插补值。利用插补后的完整数据，重新估计回归参数。基于可观测的完整数据和第 1 次插补数据的新目标函数如下所示：

$$S_{n(1)}(\beta) = \sum_{i=1}^{n_1} \rho_\tau\{y_i - (x_i^T, z_i^T)\beta\} + \sum_{j=1}^{n_0} \omega_{\text{IPW}} \rho_\tau\{y_i - (\tilde{x}_{j(1)}^T, z_i^T)\beta\}$$

(2.4)

定义 $\hat{\beta}_{*(1)} = \text{argmin}_\beta S_{n(1)}(\beta)$ 为第 1 次插补后的回归系数估计结果。重复 m 次插补—估计过程，计算多重插补—估计量为 $\tilde{\beta}_{n,\tau} = m^{-1} \sum_{l=1}^{m} \hat{\beta}_{*(1)}$。

2.4.2.2 两类分数插补法

第一类分数插补法是建立在线性回归基础上的。在线性回归分数插补法中，包含缺失数据在内的无偏估计方程可表示为：

$$S_n^*(\beta) = \sum_{i=1}^{n} \delta_i S\{y_i - (x_i^T, z_i^T)\beta\} + \sum_{i=1}^{n} (1 - \delta_i) E_x\{S\{y_i - (x_i^T, z_i^T)\beta\} | y_i, z_i\}$$

(2.5)

根据双期望公式，下面给出该估计方程无偏性的具体证明过程：令 $A_i = S\{y_i - (x_i^T, z_i^T)\beta\}$，

$$E[S_n^*(\beta)]$$

$$= E\{E[S_n^*(\beta)|y,z]\}$$

$$= E\left\{E\left[\left(\sum_{i=1}^{n}\delta_i A_i + \sum_{i=1}^{n}(1-\delta_i)E\{A_i|y_i,z_i\}\right)|y,z\right]\right\}$$

$$= E\left\{E\left[\left(\sum_{i=1}^{n}\delta_i A_i\right)|y,z\right]\right\} + E\left\{E\left(\sum_{i=1}^{n}(1-\delta_i)E\{A_i|y_i,z_i\}\right)|y,z\right]\right\}$$

$$= \sum_{i=1}^{n}\delta_i E\{E[A_i|y,z]\} + \sum_{i=1}^{n}(1-\delta_i)E\{E\{E\{A_i|y_i,z_i\}|y,z\}\}$$

$$= \sum_{i=1}^{n}\delta_i E\{A_i\} + \sum_{i=1}^{n}(1-\delta_i)E\{E\{A_i|y_i,z_i\}\}$$

$$= \sum_{i=1}^{n}\delta_i E\{A_i\} + \sum_{i=1}^{n}(1-\delta_i)E\{A_i\}$$

$$= \sum_{i=1}^{n}E\{A_i\}$$

当 β 取真值 β_0 时，模型 $y = x^T\beta(\tau)$ 正确的充要条件是：对于任意的 x，$E\{S\{y_i - (x_i^T, z_i^T)\beta\}\} = 0$。所以 $E[S_n^*(\beta)]$ 为 0，即该估计方程的无偏性证明完毕。因此，估计量是无偏的。

根据贝叶斯理论及蒙特卡罗法，借鉴程等（Cheng et al.，2018）快速插补法的基本思路，$E_x\{S\{y_i - (x_i^T, z_i^T)\beta\}|y_i, z_i\}$ 可通过下面过程逼近：

$$E_x\{S\{y_i - (x_i^T, z_i^T)\beta\}|y_i, z_i\}$$

$$= \frac{\int_x S\{y_i - (x_i^T, z_i^T)\beta\}f(y_i|x,z_i)f(x|z_i)dx}{\int_x f(y_i|x,z_i)f(x|z_i)dx}$$

$$= \frac{(1/M)\sum_{k=1}^{M}S\{y_i - (x_i^{(k)T}, z_i^T)\beta\}f(y_i|x^{(k)}, z_i)}{(1/M)\sum_{k=1}^{M}f(y_i|x^{(k)}, z_i)}$$

$$= \sum_{k=1}^{M}S\{y_i - (x_i^{(k)T}, z_i^T)\beta\}\omega_i^{(k)}$$

其中，假设 M 组 x_k（$k = 1, \cdots, M$）服从 $f(x|z)$，权重 $\omega_i^{(k)} = \{f(y_i|x^{(k)}, z_i)\}/\left\{\sum_{k=1}^{M}f(y_i|x^{(k)}, z_i)\right\}$。

综上所述，实现线性回归分数插补法最先要解决的是条件密度函数 $f(y|x, z)$ 和 $f(x|z)$ 的估计问题。在给定 x 和 z 的条件下，y 的函数可以写为 $f(y|x, z, \eta_1)$。在随机缺失情况下，η_1 的估计依赖于可完整观测的数据。不妨记 η_1 的估计为 $\hat{\eta}_1$，则在给定 x 和 z 的条件下，y 的条件密度函数估计为 $f(y|x, z, \hat{\eta}_1)$。同样地，在给定 z 的条件下，x 的函数可以写为 $f(x|z, \eta_2)$。在随机缺失情况下，η_2 的估计 $\hat{\eta}_2$ 依赖于可观测的完整数据，则 x 的条件密度函数估计为 $f(x|z, \hat{\eta}_2)$。这里，$\hat{\eta}_1$ 和 $\hat{\eta}_2$ 由可完整观测的数据计算而来，即保罗参数估计值和（残差平方和/自由度）的平方根。

从条件密度函数 $f(x|z, \hat{\eta}_2)$ 生成 M 组缺失 x 的插补值，根据 $f(y|x, z, \hat{\eta}_1)$ 计算分数权重 $\omega_i^{(k)}$。那么，无偏估计方程即可转化为：$S_n(\beta) = \sum_{i=1}^{n_1} S\{y_i - (x_i^T, z_i^T)\beta\} + \sum_{i=n_1+1}^{n} \sum_{k=1}^{M} \omega_i^{(k)} S\{y_i - (x_i^{(k)T}, z_i^T)\beta\}$。通过求解 $S_n(\beta) = 0$，即可得出回归参数的无偏估计。

线性回归模型背景下，分数插补法的算法步骤见表 2.11。

表 2.11　　　　　　　　　　线性回归分数插补法算法步骤

Step1：估计条件密度函数 $f(y|x, z)$ 和 $f(x|z)$。

Step1 – 1：$f(y|x, z)$ 估计。
根据可完整观测的数据，在给定 x 和 z 的条件下，完成 y 的条件密度函数估计为 $f(y|x, z, \hat{\eta}_1)$。

Step1 – 2：$f(x|z)$ 估计。
根据可完整观测的数据，在给定 z 的条件下，完成 y 的条件密度函数估计为 $f(x|z, \hat{\eta}_2)$

Step2：从条件密度函数 $f(x|z, \hat{\eta}_2)$ 生成 M 组缺失 x 的插补值，计算分数权重 $\omega_i^{(k)}$

Step3：利用插补后的完整数据重新估计回归参数。
估计方程为：$\sum_{i=1}^{n_1} S\{y_i - (x_i^T, z_i^T)\beta\} + \sum_{i=n_1+1}^{n} \sum_{k=1}^{M} \omega_i^{(k)} S\{y_i - (x_i^{(k)T}, z_i^T)\beta\}$

第二类分数插补法是建立在分位数回归基础上的。以分位回归 $Q_y(\tau|x, z) = \beta_0(\tau) + x^T\beta_1(\tau) + z^T\beta_2(\tau)$ 为基础模型，程等（Cheng et al., 2018）提出一种处理自变量缺失问题的分数插补法。分位回归分数插补法（fractional imputation based on quantile regression，FQ）不可直接利用基姆（Kim, 2011）

方法构造原理的主要原因在于，基姆方法的基础模型是线性回归，是一种基于似然的参数分数插补方法。而分位回归不存在似然函数，因此，该方法不能直接被用于解决分位回归的自变量缺失插补问题。分位回归分数插补法的估计方程如下所示：

$$S_n^*(\beta) = \sum_{i=1}^n \delta_i \rho_\tau \{y_i - (x_i^T, z_i^T)\beta\} + \sum_{i=1}^n (1 - \delta_i) E_x \{\rho_\tau \{y_i - (x_i^T, z_i^T)\beta\} | y_i, z_i\}$$

$$(2.6)$$

该估计方程的无偏性证明过程与线性回归分数插补法类似。根据上述估计方程可知，需要进一步构造 $E_x\{\rho_\tau\{y_i - (x_i^T, z_i^T)\beta\}|y_i, z_i\}$。根据贝叶斯理论和蒙特卡罗法，并从 $f(x|z)$ 生成 M 组 $x_i(i = 1, \cdots, M)$，可以通过线性回归分数插补法中 $E_x\{S\{y_i - (x_i^T, z_i^T)\beta\}|y_i, z_i\}$ 的逼近过程实现 $E_x\{\rho_\tau\{y_i - (x_i^T, z_i^T)\beta\}|y_i, z_i\}$。不同之处在于，分位回归背景下的损失函数为 $\rho_\tau\{*\}$，而不是 $S\{*\}$。

分位回归分数插补法中 $f(y|x, z)$ 的估计方法与线性回归分数插补法完全不同。根据分位回归理论知识，分布函数 $F(y)$ 的逆函数是 $Q_{\tau_k}(y)$。故密度函数可以表示为分位水平下分位函数的一阶导。令 $k = 1, \cdots, K_n$ 表示第 k 个分位数水平，$f(y|x, z)$ 通过 $\sum_{k=1}^{K_n} \{(\tau_{k+1} - \tau_k)/\{(x^T, z^T)\hat{\beta}_{\tau_{k+1}} - (x^T, z^T)\hat{\beta}_{\tau_k}\}\} I\{(x^T, z^T)\hat{\beta}_{\tau_k} \leq y < (x^T, z^T)\hat{\beta}_{\tau_{k+1}}\}$ 进行逼近（Wei et al.，2012）。

分位回归的条件密度函数是一个分位系数过程，所以需要根据可完整观测数据计算分位回归系数估计值，记为 $\hat{\beta}_{n_1, \tau}$。对于任意分位水平 τ，$\hat{\beta}_{n_1, \tau} = \arg\min_\beta \sum_{i=1}^{n_1} \rho_\tau\{y_i - (x_i^T, z_i^T)\beta\}$，$\rho_\tau(r) = r\{\tau - I(r < 0)\}$ 是非对称的 L_1 损失函数。分位水平 τ 一般等间隔取 $(0, 1)$ 上足够的分位水平值。

如前所述，分位回归分数插补法中 $f(y|x, z)$ 的估计方法与线性回归分数插补法完全不同。对于任意分位水平 τ，密度函数 $f(y|x, z)$ 是一个分位系数过程的函数，即 $f\{y|x, z; \beta_0(\tau)\} = F'\{y|x, z; \beta_0(\tau)\} = \inf\{\tau \in (0, 1): (x^T, z^T)\beta_0(\tau) > y\}$。先通过线性样条法逼近未知的系数函数 $\beta_0(\tau)$。不妨取一系列分位水平 $\tau_k = k/(K_n + 1)$，则可得到 $\beta_0(\tau)$ 对应的估计值 $(\hat{\beta}_{n_1, \tau_k})$。其中，$k = 1, \cdots,$

K_n, K_n是分位水平总数。继而定义$\hat{\beta}_{n_1}(\tau)$为$[0,1]$上 p 维线性函数，且满足$\hat{\beta}_{n_1}(\tau_k) = \hat{\beta}_{n_1,\tau_k}$, $\hat{\beta}'_{n_1}(0) = \hat{\beta}'_{n_1}(1) = 0$。在韦等（Wei et al. , 2009）的假设条件下，$\hat{\beta}_{n_1}(\tau)$依概率一致收敛于真实分位过程。因此，$\hat{f}\{y|x,z;\hat{\beta}_{n_1}(\tau)\}$可以按照前面所述内容逼近。

在 z 给定的条件下，x 的函数可以写为 $f(x|z,\eta)$。在随机缺失情况下，η的估计$\hat{\eta}$依赖于可完整观测的数据，由参数估计值和（残差平方和/自由度）的平方根共同组成。则在 z 给定的条件下，x 的条件密度函数估计为 $f(x|z,\hat{\eta})$。根据条件密度函数 $f(x|z,\hat{\eta})$，生成 M 组缺失 x 的插补值，计算分数权重$\omega_i^{(k)}$。那么，基于可完整观测数据和插补数据，估计方程为：$S_n(\beta) = \sum\limits_{i=1}^{n_1} \varphi_\tau\{y_i - (x_i^T, z_i^T)\beta\} + \sum\limits_{i=n_1+1}^{n} \sum\limits_{k=1}^{M} \omega_i^{(k)} \varphi_\tau\{y_i - (x_{i,k}^{*T}, z_i^T)\beta\}$。

分位回归模型背景下，分数插补法的算法步骤见表 2.12。

表 2.12 分位回归分数插补法算法步骤

Step1：仅用可完整观测数据估计分位回归系数：$\hat{\beta}_{n_1,\tau} = \arg\min_\beta \sum\limits_{i=1}^{n_1} \rho_\tau\{y_i - (x_i^T, z_i^T)\beta\}$
Step2：估计条件密度函数 $f(y|x,z)$ 和 $f(x|z)$。 Step2 - 1：$f(y|x,z)$ 估计。 即用 $\sum\limits_{k=1}^{K_n} \{(\tau_{k+1} - \tau_k)/\{(x^T,z^T)\hat{\beta}_{\tau_{k+1}} - (x^T,z^T)\hat{\beta}_{\tau_k}\}\} I\{(x^T,z^T)\hat{\beta}_{\tau_k} \leq y < (x^T,z^T)\hat{\beta}_{\tau_{k+1}}\}$ 逼近。 Step2 - 2：$f(x|z)$ 估计。 即根据可完整观测数据的参数信息，构建在 z 给定的条件下 x 的条件密度函数
Step3：从条件密度函数 $f(x|z)$ 生成 M 组缺失 x 的插补值，计算分数权重$\omega_i^{(k)}$
Step4：利用插补后的完整数据重新估计回归参数。 即估计方程为：$\sum\limits_{i=1}^{n_1} \varphi_\tau\{y_i - (x_i^T, z_i^T)\beta\} + \sum\limits_{i=n_1+1}^{n} \sum\limits_{k=1}^{M} \omega_i^{(k)} \varphi_\tau\{y_i - (x_{i,k}^{*T}, z_i^T)\beta\}$

2.4.2.3 非参数逆概率加权法

参数逆概率加权法的基本思路是建立表示是否缺失的示性变量 δ（二分类变量）与可完整观测变量V_{obser}间的 Logistic 回归（假定 θ 是回归参数），将计

算结果作为概率 $pr_1 = \{1 + \exp(V_{obser}, \theta)\}^{-1}$，并将该结果取倒数作为回归权重 $\omega_1 = 1/pr_1$，以实现因缺失数据带来的估计偏差。

非参数逆概率加权法则完全不同，选择核函数作为平滑技术，计算概率 pr_2，再对概率取倒数作为回归权重 $\omega_2 = 1/pr_2$。非参数逆概率加权法通过下式计算概率：

$$pr_2 = \sum_{i=1}^{n} \delta_i K_h(V_{obser,1} - V_{obser,i}) / \sum_{i=1}^{n} K_h(V_{obser,1} - V_{obser,i}) \qquad (2.7)$$

其中，n 表示样本量，δ_i 表示是否缺失（1 表示可观测，0 表示缺失），$K(*)$ 表示核函数，V_{obser} 表示完整观测的所有变量。

根据非参数逆概率加权的概率计算表达式可知，要想得到概率值，关键在于确定核函数的显式表达。具体来说，需要确定核函数的种类 $K(*)$、核函数的阶数 γ、完整观测变量的维度 d 和带宽 h。在因变量和自变量均存在缺失的前提下，不妨记存在缺失的因变量和自变量集合为 V_{miss}，完整观测自变量集合为 V_{obser}。那么，完整观测自变量集合 V_{obser} 的维度 d 即为完整观测自变量的个数。

为了避免边界问题，核函数的首选在于将有界核函数应用到有界的点，以保证偏差的收敛速率是 h^γ（Eubank，1988）。满足这个条件后，最常用的核函数包括均匀核函数、二次核函数、双权核函数、高斯核函数，等等。尤班克（Eubank，1988）和王等（Wang et al.，1997）通过运用前三种核函数发现，它们需要注意 $V_{obser,1} - V_{obser,i}$ 的取值范围。高斯核函数对 $V_{obser,1} - V_{obser,i}$ 的取值无要求，而且按照指数速率收敛为 0（Chen et al.，2015）。当核函数的阶数 γ 已知时，核函数种类对非参数估计几乎没有影响（Wang et al.，1997）。因此，通常选择高斯核函数实现非参数逆概率加权法的计算。

一个核函数被称为 γ 阶核函数需要满足如下条件（记 $v = V_{obser,1} - V_{obser,i}$）：

（1）$\int K(v) dv = 1$。（2）$\int v^m K(v) dv = 1, m = 1, \cdots, \gamma - 1$。（3）$\int v^\gamma K(v) dv \neq 0$。

（4）$\int K^2(v) dv < \infty$。满足上述条件的核函数才可被称为有界核函数。

这里选择高斯核函数，并初步将核函数的表达式确定为：$K_h(V_{obser,1} - V_{obser,i}) = (1/\sqrt{2\pi}) \times e^{-(V_{obser,1} - V_{obser,i})^2/2}$。需要说明的是，本节在考虑核函数阶

数的选择问题时，以尽可能小为首要原则。显然，当 m = 1 时（此时 $\gamma = 2$），该式满足（1）和（2）两个条件。关于（3）和（4），本节给出具体的证明过程。

证明：$\int v^\gamma K(v) dv = \int v^\gamma K(v) dv = \int v^\gamma (1/\sqrt{2\pi}) \times e^{-(v)^2/2} dv = (1/\sqrt{2\pi})$ $\int v^\gamma \times e^{-(v)^2/2} dv$。根据插值公式可知，当 $\gamma = 2n$ 且 n 为正整数时，$\int v^\gamma \times e^{-(v)^2/2} dv = 2 \times \sqrt{2\pi} \times (1/\sqrt{2})^{2n+1} \times (2n)!/n!$。因此，当 K(v) 为高斯核函数时，$\int v^\gamma K(v) dv = 2^{1/2-n} \times (2n)!/n! \neq 0$。根据插值公式同理易知，$\int K^2(v) dv = (1/2\pi) \times \sqrt{2\pi} = 1/\sqrt{2\pi} < \infty$。经过上述论证过程，兼顾阶数尽可能小的原则，本节将核函数的阶数 γ 最终确定为 2。

目前已有很多带宽选择方法，也有很多评价标准，比如广义交叉验证、无偏风险、渐进平均积分平方误差（mean integrated square errors，MISE）等。但是，plug-in 方法要计算高阶协方差，颇为复杂（Sepanski et al.，1994）。因此，选择 hoc 带宽选择方法，不仅收敛速率满足要求而且操作简单，带宽的计算表达式可表示为：$h = C \times n^L$。其中，C 表示常数。借鉴陈等（Chen et al.，2015）、周等（Zhou et al.，2008）和卡罗尔等（Carroll et al.，1991）的选择，采用一种简单的计算方法获得 C 的取值，即计算完整观测变量的标准差（记为 $\delta_{V_{obser}}$），并将 $L = -1/3$ 作为最佳选择。因此，这里将第一种带宽定义为 $h = \delta_{V_{obser}} \times n^{-1/3}$。

此外，根据高斯渐进或西尔弗曼（Silverman，1986）的拇指规则提出的带宽 $h = 1.06 \times \delta_{V_{obser}} \times n^{-1/5}$，结合回归参数估计量服从均值为 0 的渐进正态分布时核函数的带宽需要满足的假设条件：$nh^{2\gamma} \to 0$，$\gamma > 0$，不难发现，当阶数确定为 2 时，$h = 1.06 \times \delta_{V_{obser}} \times n^{-1/5}$ 导致 $nh^{2\gamma} \to 0$ 不成立。因此，这里参考该带宽中的常数，将 $h = 1.06 \times \delta_{V_{obser}} \times n^{-1/3}$ 作为第二种带宽选择。

当不存在缺失数据时，分位数回归模型的估计方程可定义为 $S(\beta) = \sum_{i=1}^{n} \rho_\tau \{ y_i - (1, x_{i,1}^T, \cdots, x_{i,p}^T) \beta \}$。其中，$\rho_\tau(r) = r\{ \tau - I(r < 0) \}$ 为损失函数，$I(r < 0)$ 为示性函数。当 $r < 0$ 时，$\rho_\tau(r) = (\tau - 1)r$；当 $r \geq 0$ 时，$\rho_\tau(r) = \tau \times r$。对

于因变量和自变量均存在缺失的情况，先通过核函数平滑技术，计算得到非参数逆概率加权法中的概率pr$_2$，并构建非参数逆概率加权分位数回归模型。相应的估计方程表达形式如下：

$$S_n^*(\beta) = \sum_{i=1}^{n} (\delta_i / pr_{2,i})\rho_\tau\{y_i - (1,x_{i,1}^T,\cdots,x_{i,p}^T)\beta\} \qquad (2.8)$$

其中，n 表示样本量，δ_i 表示是否缺失（1 表示可观测，0 表示缺失），pr$_2$ 表示非参数逆概率加权法中的概率，$\rho_\tau(*)$ 表示损失函数。

2.4.3　问卷分割缺失方案设计

2.4.3.1　题组重要性衡量

在问卷分割方案的实施过程中，对于无须回答所有问题的科技人才，要对需要完成的随机题组内部的具体问题，进行研究和设置。要率先考虑的是，随机题组内部不同题目的分组设置。理论上，科技人才被分配回答问题的方式是完全随机的，即每组题目被抽中的概率相同。但是，在具体的科技人才研究问题中，各组题目表现出不同的重要性。按照实际重要性的排序，应该建立题组重要性与回答问题的科技人才数量间的正向相关机制，即题组重要性越强，回答问题的科技人才数量越多，这样对最后结果的准确性会更有利；题组重要性越弱，回答问题的科技人才数量越少，也不至于对参数估计结果产生太大影响。那么题组重要性如何进行测度呢？一个简单的思路是估计题组中每道题目的方差，而后对每个方差求平均，作为题组重要性的评价标准。

2.4.3.2　样本平衡性衡量

回答不同题组的科技人才在基本信息方面不应该存在太大差异。如果回答第一组题目的科技人才的平均年龄显著大于其他组科技人才，那么就存在样本的不平衡分布，收集到的数据仅反映出年龄较大的科技人才的诉求，导致分析结论与真实结论之间存在偏差。因此，在开展科技人才问卷调查时，应尽量保证样本的"平衡性"。样本"平衡性"的度量方式可借鉴马氏距离、欧式距离等计算方法。

2.4.3.3　随机题组分配机制

经过问卷分割设计后，科技人才调查问卷中的题目可分为必答题组和随机题组。显然，对于必答题组，不涉及题目或样本的分配问题。而在进行随机题组的题目分配时，应同时考虑各题组的"重要性"和样本的"平衡性"。这是因为题组"重要性"决定了回答不同题组的样本量，而样本"平衡性"是为了保证回答某一题组的科技人才的基本信息与所有科技人才的基本信息保持一致。在单独计算完成题组的"重要性"和样本的"平衡性"基础上，需要将两者的计算结果加以综合考虑。通常是采用相乘的方法，计算得出一个综合标准。最后根据综合标准，将某一组题目分配给某些科技人才。

2.5　思考与练习

1. 科技人才样本量如何进行测算和分配？其基本原理是什么？
2. 科技人才具有哪些结构特征？这种结构特征的存在，对于样本量测算和分配有何种影响？
3. 问卷分割技术的基本原理是什么？
4. 在统计学中，抽样调查方法有哪些？适用条件分别是什么？
5. 问卷分割技术会导致缺失数据的产生吗？如果会，如何进行缺失数据插补？

2.6　延展性阅读

加强基础教育阶段科技创新人才培养*

建设世界科技强国，是党中央在新的历史起点上作出的重大战略决策。为

---

* 程豪，裴瑞敏，梁会青. 加强基础教育阶段科技创新人才培养［EB/OL］. (2011-06-04).
https：//www. cssn. cn/jyx/jyx_jyqg/202209/t20220913_5492835. shtml.

加快世界科技强国建设进程，增强以自主创新能力为核心的科技实力，确保我国在日趋激烈的国际竞争中立于不败之地，科技创新人才的培养需要从小抓起。从长远看，加强基础教育中创新能力的培养，有助于我国未来科技创新人才资源储备。

基础教育创新能力培养中的不足

自《中共中央关于制定国民经济和社会发展第十四个五年规划和二〇三五年远景目标的建议》发布以来，激发人才科技创新活力，培养具有国际竞争力的科技创新后备力量，引起社会各界的广泛关注。当前，我国基础教育创新能力培养方面还存在明显不足。

第一，对基础教育阶段学生创新能力培养重视不足。

长久以来，人们习惯性认为创新人才的培养主要取决于高等教育。对于大部分科技创新人才、多数创新成果在研究生阶段才开始埋下种子，而基础教育的主要任务是以学科为中心学习知识，为高等教育做准备。目前，基础教育主要通过整齐划一、学生被动接受的教学方式，强调以学科成绩为基准的选拔评价方式，不利于充分认识学生的个体独特性、发挥学生的主观能动性，也不利于学生创新思维和能力的培养。作为学生创新个性形成的关键阶段，基础教育阶段是创新思维开发训练的黄金时期，对基础教育阶段学生创新能力培养重视不足、认识不够，容易导致潜在的创新人才错失发展机会，这也是导致高等教育创新型人才培养不尽如人意的重要因素。

第二，基础教育阶段教师质量有待提高。

长期以来，中小学教师招聘要求不高、难以提升教师工资水平，基础教育难以吸引和留住优秀的高素质人才。随着国家对基础教育的逐步重视，上述问题在某些发达地区得到一定改善，但在中西部等欠发达地区仍较为严重，这些都导致了基础教育师资队伍整体素质不高，从而带来在教育理念、教学方式等诸多方面的滞后，不利于基础教育阶段创新人才的培养。

第三，基础教育和高等教育未实现有效衔接。

创新型人才的培养是一项长期的、系统的、连续的工作，需要基础教育和高等教育在培养目标与培养过程等方面的有效衔接。然而目前我国基础教育和高等教育呈现断层化发展。在基础教育阶段，主要以学科教育和知识传授为主，教育像"流水线工厂"一样，重知识传授、轻能力培养。基础教育在解决问题和创新思考能力培养方面的缺失，直接导致高等教育人才创新能力培养的原动力不足。

提升我国基础教育阶段人才创新能力培养的建议

立于当下，如何进一步加强基础教育建设，助力未来科技创新人才培养，笔者提出如下几点建议。

第一，深刻认识基础教育在创新人才培养中的奠基性作用。

基础教育在创新人才培养整个过程中起到基石作用。中小学阶段是学生发展的黄金时期，是思维方式、学习方式、学习习惯、学习兴趣、科学素养等培养与形成的关键期，基础教育阶段科学素养、创新思维和能力的培养对学生后续发展有着深刻影响。基础教育不仅是要教授学生基础学科知识，为进入后续教育阶段做准备，更重要的是在促进学生全面发展、培养创新人才方面的奠基作用，发现学生的个体独特性，激发学生的主体能动性和创造性，促进学生创新思维和能力的培养，提升学生科学素养。

第二，加强基础教育教师队伍建设。

创新人才的培养，需要加强基础教育教师队伍建设。首先，提升教师的社会地位，保障教师的合法权益，吸引更优秀的人才从事基础教育事业；其次，提升基础教育教师的入职门槛，完善教师资格准入制度，提升基础教育教师学历要求和职业能力要求；再次，建立动态的教师资格认证制度，促进基础教育教师持续学习、提升专业能力；最后，完善高等教育阶段师范教育。

第三，提升科普在基础教育创新能力培养中的作用。

基础教育阶段是一个人基本常识和思维方式形成的关键期，青少年的科学素养、科学精神、科技能力的培养，对于培养未来创新型人才至关重要。因此，建议从国家层面加强顶层设计，推广科学普及工作。首先，各级教育、科技部门进一步加强协作、相互配合，共同做好未成年人的科普教育工作，探索、建立有效的合作机制，积极建设好中小学科普教育的社会实践基地，把校内外教育有效结合起来，利用科普教育基地拓展课程资源，发挥各行业开展科普教育的社会资源优势，形成教育合力。其次，加强全民科普教育，提升全民科学素养，为基础教育营造良好社会氛围。

第四，推进我国英才教育体系的发展。

教育过程要遵循因材施教的原则。我国未来科技的发展需要一大批尖端的创新人才，这些尖端人才需要从小进行选拔和培养。例如，中国科学技术大学首创少年班，中国科协与教育部主办的"英才计划"，教育部于 2020 年开始施行的"强基计划"等，这些都为推进我国英才教育体系发展提供了优质资源和平台，有助于发现和培养具有学科特长及创新潜质的优秀学生，为科技创新人才成长成才营造良好的学习环境和社会氛围。

第 3 章

科技人才流动影响因素分析方法

3.1 研究背景与意义

"科技人才"是指具有一定的专业知识或专门技能，从事创造性科学技术活动，并对科学技术事业及经济社会发展作出贡献的劳动者。作为我国特有的概念，科技人才是一个国家加快创新驱动发展、推动经济社会高质量发展的重要资源。从经济学的要素流动角度来看，科技人才流动本身是一种资源优化配置的过程。科技人才的流动有助于知识传播、技术扩散、提高学科交叉效率，还有助于加速区域经济发展、缩小贫富差距。但是，科技人才的无序流动或过度聚集，会给创新绩效、科研生产力等诸多方面带来消极影响。因此，在国际化背景下，进一步研究全球科技人才流动影响因素颇具应用价值。

目前，国内外已有诸多学者对科技人才流动开展不同专题的研究工作。早在 1963 年，英国科学家大量外流到美国引起国内外学者、世界各国政府和相关组织机构的广泛关注。根据现有文献基础，科技人才流动从流动的方向性角度，可以归纳为单向外流、单向流入、单向回流和外流—流入/回流循环。参考杨芳娟（2016），马海涛、张芳芳（2019）等对不同类人才流动的定义，科技人才流动可归纳为科技人才外流、科技人才流入、科技人才回流和科技人才环流。科技人才外流是指科技人才离开本国和本地区的单向人才流动现象。高频率的科技人才外流容易阻碍国家的经济社会发展，降低国际竞争力。科技人才流入是指科技人才从其他国家流入本国的单向人才流动现象。科技人才回流是指科技人才流出本国后，重新回归本国的单向人才流动现象。与科技人才外流相反，科技人才流入和科技人才回流有助于增加一国高素质人才储备，促进国家的经济社会发展，提升国际竞争力。科技人才环流是指科技人才在不同国家间循环流动的双向人才流动现象。这种科技人才跨国流动的形式，将促进人才流入国和人才流出国的充分交流与共同发展。

科技人才的流动往往受到经济、政治、地理、文化、语言、制度、政策等诸多因素的影响。近年来，很多学者开展关于科技人才流动方向、动因、影响因素、效应等方面的研究工作。比如，马赫鲁姆（Mahroum，2000）认为，科技人才流动在不同的职业生涯阶段表现出不同的动机。在职业生涯初期，表现为获取前沿知识技术，拓展科技视野，获得职业生涯认可和发展机遇。在职业生涯中期，表现为建立和维持国际科技合作网络，创办跨国公司，进行产学研合作。在整个职业生涯中，表现为获得国际科技合作项目支持或进行国际科技交流等。此外，任人唯贤的招聘制度、奖励优秀的客观评价标准、明晰的晋升制度也在推动科研人员的跨国流动（Ackers，2004）。杨芳娟（2016）从科学研究全球化、互联网、云计算、相关政策等方面总结高端科技人才跨国流动的影响因素。黄海刚等（2018）利用 1994~2014 年国家"杰出青年科学基金"获得者数据研究中国高端人才流动情况。

面对科技人才流动影响因素众多、不同国家科技人才流动状况及影响因素存在差异的现实挑战，通过带自适应 lasso 惩罚项的分位数回归构建科技人才流动多水平模型，筛选出不同分位数水平下科技人才流动的重要影响因素颇具研究意义，这也是本书主要解决的研究问题。

3.2 科技人才流动影响因素学习

3.2.1 政策文件：科技人才政策法规梳理

表 3.1 对 2011~2022 年与科技人才相关的政策法规的名录进行例举。

表 3.1　　　　　　　　　科技人才相关政策法规名录

序号	名称
2011 年	
1	《创新人才推进计划实施方案》
2	《国家中长期科技人才发展规划（2010－2020 年）》
3	《青年英才开发计划实施方案》
4	《国家中长期生物技术人才发展规划（2010－2020 年）》
5	《国家中长期新材料人才发展规划（2010－2020 年）》
6	《关于加强社会工作专业人才队伍建设的意见》
7	《国务院办公厅关于进一步支持企业技术创新的通知》
8	《关于促进科技和金融结合加快实施自主创新战略的若干意见》
9	《关于进一步促进科技型中小企业创新发展的若干意见》
10	《全国教育人才发展中长期规划（2010－2020 年）》
2012 年	
1	《国家高层次人才特殊支持计划（万人计划）》
2	《国家百千万人才工程实施方案》
3	《关于深化科技体制改革加快国家创新体系建设的意见》
4	《关于加快推进农业科技创新持续增强农产品供给保障能力的若干意见》
5	《科技部关于印发进一步鼓励和引导民间资本进入科技创新领域意见的通知》
6	《教育部关于全面提高高等教育质量的若干意见》
2013 年	
1	《国务院办公厅关于强化企业技术创新主体地位全面提升企业创新能力的意见》
2	《教育部办公厅关于进一步加强和规范高校人才引进工作的若干意见》
3	《国家级专业技术人员继续教育基地管理办法》
4	《中西部高等教育振兴计划（2012－2020 年）》
2014 年	
1	《国家卫生计生委关于印发卫生计生行业经济管理领军人才培养计划实施方案的通知》
2	《关于深化中央财政科技计划（专项、基金等）管理改革的方案》
3	《国务院关于加快发展现代职业教育的决定》
4	《专业技术人才知识更新工程高级研修项目管理办法》
2015 年	
1	《中共科学技术部党组关于深入实施创新驱动发展战略 加快科技改革发展的意见》
2	《科技部关于进一步推动科技型中小企业创新发展的若干意见》

序号	名称
2015 年	
3	《国务院关于大力推进大众创业万众创新若干政策措施的意见》
4	《农业部关于深化农业科技体制机制改革加快实施创新驱动发展战略的意见》
5	《国家卫生计生委关于印发卫生计生行业经济管理后备领军人才培养计划的通知》
6	《统筹推进世界一流大学和一流学科建设总体方案》
7	《国务院办公厅关于改革完善博士后制度的意见》
8	《国务院关于加快发展民族教育的决定》
2016 年	
1	《关于深化人才发展体制机制改革的意见》
2	《人力资源社会保障部关于加强基层专业技术人才队伍建设的意见》
3	《国务院办公厅关于深入推行科技特派员制度的若干意见》
4	《国务院办公厅关于建设大众创业万众创新示范基地的实施意见》
5	《教育脱贫攻坚"十三五"规划》
2017 年	
1	《中共教育部党组关于加快直属高校高层次人才发展的指导意见》
2	《中长期青年发展规划（2016 - 2025 年)》
3	《国家高层次人才特殊支持计划管理办法（万人计划)》
4	《教育部办公厅关于做好 2017 年"三区"人才支持计划教师专项计划有关实施工作的通知》
5	《"十三五"国家科技人才发展规划》
6	《关于深化科技奖励制度改革的方案》
7	《国家科技创新基地优化整合方案》
8	《国家技术创新中心建设工作指引》
9	《就业补助资金管理办法》
10	《"十三五"国际科技创新合作专项规划》
11	《"十三五"卫生与健康科技创新专项规划》
12	《"十三五"促进就业规划》
13	《统筹推进世界一流大学和一流学科建设实施办法（暂行)》
14	《中长期青年发展规划（2016 - 2025 年)》

续表

序号	名称
2018 年	
1	《"长江学者奖励计划"管理办法》
2	《关于加强国家重点实验室建设发展的若干意见》
3	《国务院关于推动创新创业高质量发展打造"双创"升级版的意见》
4	《财政部贯彻落实实施乡村振兴战略的意见》
5	《中共中央国务院关于全面深化新时代教师队伍建设改革的意见》
6	《教育部关于加快建设高水平本科教育全面提高人才培养能力的意见》
7	《关于高等学校加快"双一流"建设的指导意见》
8	《教育部等六部门关于实施基础学科拔尖学生培养计划 2.0 的意见》
9	《教师教育振兴行动计划（2018—2022 年）》
10	《深度贫困地区教育脱贫攻坚实施方案（2018—2020 年)》
11	《国务院关于优化科研管理提升科研绩效若干措施的通知》
12	《国务院办公厅关于推进农业高新技术产业示范区建设发展的指导意见》
13	《关于深化项目评审、人才评价、机构评估改革的意见》
2019 年	
1	《教育领域中央与地方财政事权和支出责任划分改革方案》
2	《人力资源社会保障部关于改革完善技能人才评价制度的意见》
3	《人力资源社会保障部关于充分发挥市场作用促进人才顺畅有序流动的意见》
4	《教育部 财政部关于实施中国特色高水平高职学校和专业建设计划的意见》
5	《国家职业教育改革实施方案》
6	《关于强化知识产权保护的意见》
7	《关于促进劳动力和人才社会性流动体制机制改革的意见》
8	《关于鼓励引导人才向艰苦边远地区和基层一线流动的意见》
9	《职业技能提升行动方案（2019—2021 年)》
10	《事业单位工作人员培训规定》
11	《教育部关于深化本科教育教学改革全面提高人才培养质量的意见》
12	《教育部关于加强新时代教育科学研究工作的意见》
13	《高等学校科学研究优秀成果奖（科学技术）奖励办法》
14	《关于抓好赋予科研管理更大自主权有关文件贯彻落实工作的通知》
15	《关于扩大高校和科研院所科研相关自主权的若干意见》
16	《关于印发〈科研诚信案件调查处理规则（试行）〉的通知》

续表

序号	名称
2019 年	
17	《关于促进新型研发机构发展的指导意见》
18	《关于印发〈中央引导地方科技发展资金管理办法〉的通知》
19	《关于进一步加大授权力度 促进科技成果转化的通知》
20	《人力资源社会保障部 工业和信息化部关于深化工程技术人才职称制度改革的指导意见》
21	《人力资源社会保障部 中国民用航空局关于深化民用航空飞行技术人员职称制度改革的指导意见》
22	《人力资源社会保障部 科技部关于深化自然科学研究人员职称制度改革的指导意见》
23	《人力资源社会保障部 中国社会科学院关于深化哲学社会科学研究人员职称制度改革的指导意见》
24	《关于深化翻译专业人员职称制度改革的指导意见》
25	《人力资源社会保障部 农业农村部关于深化农业技术人员职称制度改革的指导意见》
26	《人力资源社会保障部 国家文物局关于进一步加强文博事业单位人事管理工作的指导意见》
27	《人力资源社会保障部 国家文物局关于深化文物博物专业人员职称制度改革的指导意见》
28	《人力资源和社会保障部关于充分发挥市场作用促进人才顺畅有序流动的意见》
29	《人力资源社会保障部关于深化经济专业人员职称制度改革的指导意见》
30	《职称评审管理暂行规定》
31	《人力资源社会保障部关于改革完善技能人才评价制度的意见》
32	《人力资源社会保障部办公厅关于动员组织各类专家助力脱贫攻坚活动的通知》
33	《国家自然科学基金委员会 财政部关于进一步完善科学基金项目和资金管理的通知》
34	《关于印发〈国家科学技术奖励绩效评价暂行办法〉的通知》
35	《关于在国家杰出青年科学基金中试点项目经费使用"包干制"的通知》
2020 年	
1	《中共中央关于制定国民经济和社会发展第十四个五年规划和二〇三五年远景目标的建议》
2	《国家科学技术奖励条例》
3	《深化新时代教育评价改革总体方案》
4	《国务院办公厅关于提升大众创业万众创新示范基地带动作用进一步促改革稳就业强动能的实施意见》
5	《教育部关于在部分高校开展基础学科招生改革试点工作的意见》
6	《关于规范高等学校 SCI 论文相关指标使用树立正确评价导向的若干意见》
7	《教育部 国家发展改革委 财政部关于加快新时代研究生教育改革发展的意见》
8	《专业学位研究生教育发展方案（2020 – 2025）》
9	《研究生导师指导行为准则》

续表

序号	名称
2020 年	
10	《关于正确认识和规范使用高校人才称号的若干意见》
11	《关于破除高校哲学社会科学研究评价中"唯论文"不良导向的若干意见》
12	《加强"从 0 到 1"基础研究工作方案》
13	《关于推进国家技术创新中心建设的总体方案（暂行）》
14	《赋予科研人员职务科技成果所有权或长期使用权试点实施方案》
15	《关于进一步推进高等学校专业化技术转移机构建设发展的实施意见》
16	《科技部　教育部　人力资源社会保障部　财政部　中科院　自然科学基金委关于鼓励科研项目开发科研助理岗位吸纳高校毕业生就业的通知》
17	《中央财政科技计划（专项、基金等）绩效评估规范（试行）》
18	《科技部　财政部　教育部　中科院关于持续开展减轻科研人员负担 激发创新活力专项行动的通知》
19	《科技部　自然科学基金委关于进一步压实国家科技计划（专项、基金等）任务承担单位科研作风学风和科研诚信主体责任的通知》
20	《关于破除科技评价中"唯论文"不良导向的若干措施（试行）》
21	《关于科技创新支撑复工复产和经济平稳运行的若干措施》
22	《科学技术活动违规行为处理暂行规定》
23	《科技部关于印发〈赋予科研人员职务科技成果所有权或长期使用权试点单位名单〉的通知》
24	《科学技术活动评审工作中请托行为处理规定（试行）》
25	《科技部办公厅关于做好在华工作外国专家防控新型冠状病毒疫情服务工作的通知》
26	《科技部办公厅关于开展科技人员服务企业专项行动的通知》
27	《新形势下加强基础研究若干重点举措》
28	《科技部办公厅关于加快推动国家科技成果转移转化示范区建设发展的通知》
29	《关于海南自由贸易港高端紧缺人才个人所得税政策的通知》
30	《人力资源社会保障部　财政部关于实施职业技能提升行动"互联网＋职业技能培训计划"的通知》
31	《人力资源社会保障部　教育部关于深化高等学校教师职称制度改革的指导意见》
32	《人力资源社会保障部办公厅关于切实做好新型冠状病毒感染肺炎疫情防控期间技能人才评价有关工作的通知》
33	《人力资源社会保障部办公厅关于支持企业大力开展技能人才评价工作的通知》
34	《关于深入实施农村创新创业带头人培育行动的意见》
35	《农业农村部办公厅　教育部办公厅关于推介乡村振兴人才培养优质校的通知》
36	《关于进一步推动中国科协学会创新发展的意见》

续表

序号	名称
2021 年	
1	《国务院办公厅关于改革完善中央财政科研经费管理的若干意见》
2	《国务院办公厅关于完善科技成果评价机制的指导意见》
3	《关于支持女性科技人才在科技创新中发挥更大作用的若干措施》
2022 年	
1	《科技部　财政部　教育部　中科院　自然科学基金委关于开展减轻青年科研人员负担专项行动的通知》
2	《中华人民共和国科学技术进步法（2021 年修订）》
3	《国家科学技术奖励条例》（国务院令第 731 号第三次修订）
4	《关于进一步加强统筹国家科技计划项目立项管理工作的通知》
5	《关于开展科技人才评价改革试点的工作方案》
6	《关于新时代进一步加强科学技术普及工作的意见》
7	《"十四五"国家科学技术普及发展规划》
8	《科技部　财政部　教育部　中科院　自然科学基金委关于开展减轻青年科研人员负担专项行动的通知》

3.2.2　文献资料：主题模型挖掘关键因素

主题模型的适用场景是面向文本数据分析任务时，在进行词频分析基础上，需要对关键词汇进行进一步归纳梳理，得出几个不同的主题。而这种归纳梳理需要建立在一定的统计规则基础上，主题模型就是将这些统计规则转化为数学语言，并形成统计模型。

在计算机技术支持下，文献数据中关键词汇及相关主题的挖掘方法也在不断发展和应用。词频分析法是一种提炼能够揭示或表达文本数据核心内容的关键词，并给出这些关键词频数高低的文献计量方法。通过该方法，可以智能化地统计出文献成果中词汇的频数，突出显示以高频词汇列表为依据的关注热点。词频分析法的核心部分是构造"文档—术语"矩阵，即通过 DTM 实现文献数据的结构化。构建 DTM 的基本思想来自词袋模型。假设文档中的词语相互独立且没有顺序，词袋模型可以将文档展示为离散词语的组合。其中，词语的独立性假定简化了词袋模型在文本数据结构处理过程中的计算，无序假定降低了词袋模型对文本数据的代表性。

在此基础上，仅仅关注于关键词的提炼还不够，有时需要进一步构建主题模型，以实现对文献中隐含结构的推测。关于主题模型的研究最早来自帕帕迪米特里奥（Papadimitriou）等提出的潜在语义索引。潜在狄利克雷分布模型（latent dirichlet allocation，LDA）实现了从海量文档集中挖掘主题，并根据这些主题组织这些文档。近年来，仍然有关于潜在狄利克雷分布模型优化及应用的研究成果不断涌现。本节选择潜在狄利克雷分布模型作为主题模型，对"科技统计"中文文献进行应用研究。

假定文献数据满足如下三个假定条件：（1）所有主题与一个文档集合相关，且每个文档以不同比例展示这些主题。（2）在狄利克雷分布下，比例中各个分量几乎相互独立，导致强烈假设一个主题的存在与另一个主题的存在不相关。（3）每个文档中的词语是可互换的，即这些词语的顺序不影响它们的概率。

作为一种由"文档—主题—词语"构成的三层贝叶斯模型，潜在狄利克雷分布模型的生成过程包括：（1）生成主题—词语的概率分布 $\beta \sim$ Dirichlet（η）。其中，Dirichlet（$*$）表示狄利克雷分布，η 表示主题—词语概率分布 β 的超参数。（2）设定每个文档中的词数 $N \sim$ Possion（ξ），生成文档—主题的概率分布 $\theta \sim$ Dirichlet（α）。其中，α 表示文档—主题概率分布 θ 的超参数。（3）对于文档中的每个词语 $W_{d,n}$（$d = 1, \cdots, D; n = 1, \cdots, N$），重复下列步骤——选择一个服从多项式分布的主题 $Z_{d,n}$，并且从多项式条件概率分布 Mult（β_k）中选择一个词语 $W_{d,n}$。其中，N 表示文档中的词数，K 表示主题数，D 表示文档数。LDA 模型见图 3.1。

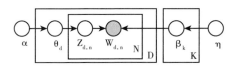

图 3.1　LDA 模型

主题模型 LDA 的参数估计问题属于一个复杂的最优化问题，目前常用的估计方法包括变分最大期望法和 Gibbs 抽样法。可以考虑借助 R 软件实现这两种参数估计算法。对于主题模型 LDA，无论采用哪种估计算法，均需提前设定主题数量。廖列法等（2017）和刘江华等（2017）通过布莱（Blei）等提出的困惑度指标取最小值选择主题个数。但已有研究表明，困惑度指标反映模型本身的泛化能力，仅能说明模型对新样本的适用性，缺乏逻辑严谨性。

3.2.3 指标数据：列联分析判断流动成因

列联分析是面向两个分类变量（比如人才学历和单位类型），通过列联表的方式，呈现出两个分类变量下交叉分类的频数分布情况，具体见表 3.2。

表 3.2　　　　　　　　　基于人才学历和单位类型的列联表　　　　　　单位：位

单位类型	博士	硕士	本科	合计
高校	100	85	50	235
科研院所	80	75	40	195
企业	120	100	100	320
合计	300	260	190	750

表 3.2 是一个 3×3 列联表，表中的每个数据都反映出人才学历和单位类型两个方面的信息。但需要注意的是，列联表中未必每个变量都仅包括 3 个取值类型，通常我们将列联表中的行数记为 R，列数记为 C，则每个列联表可以记为 R×C 列联表。列联分析就是分析列联表中行变量和列变量是否相互独立，比如单位类型和人才学历之间是否存在依赖关系。综合上述定义，表 3.2 可抽象为如表 3.3 所示的列联表。

表 3.3　　　　　　　　　　　　　R×C 列联表

	C_1	C_2	C_3	合计
R_1	F_{11}	F_{12}	F_{13}	$F_{11} + F_{12} + F_{13}$
R_2	F_{21}	F_{22}	F_{23}	$F_{21} + F_{22} + F_{23}$

续表

	C_1	C_2	C_3	合计
R_3	F_{31}	F_{32}	F_{33}	$F_{31} + F_{32} + F_{33}$
合计	$F_{11} + F_{21} + F_{31}$	$F_{12} + F_{22} + F_{32}$	$F_{13} + F_{23} + F_{33}$	$F_{11} + F_{12} + F_{13} +$ $F_{21} + F_{22} + F_{23} +$ $F_{31} + F_{32} + F_{33}$

表 3.3 中，C_1 表示第 1 列，C_2 表示第 2 列，C_3 表示第 3 列。R_1 表示第 1 行，R_2 表示第 2 行，R_3 表示第 3 行。F_{11} 表示第 1 行第 1 列中频数，即单位类型为"第一类"且人才学历也为"第一类"的频数。为方便表述，记 $SUM = F_{11} + F_{12} + F_{13} + F_{21} + F_{22} + F_{23} + F_{31} + F_{32} + F_{33}$。根据表 3.3 所示的 $R \times C$ 列联表，计算相应的基于频数的数值结果，具体见表 3.4。

表 3.4　　　　　　　　$R \times C$ 列联表期望值及数值计算结果

行	列	F_0	F_e
R_1	C_1	F_{11}	$\dfrac{(F_{11} + F_{12} + F_{13})(F_{11} + F_{21} + F_{31})}{SUM}$
R_1	C_2	F_{12}	$\dfrac{(F_{11} + F_{12} + F_{13})(F_{12} + F_{22} + F_{32})}{SUM}$
R_1	C_3	F_{13}	$\dfrac{(F_{11} + F_{12} + F_{13})(F_{13} + F_{23} + F_{33})}{SUM}$
R_2	C_1	F_{21}	$\dfrac{(F_{21} + F_{22} + F_{23})(F_{11} + F_{21} + F_{31})}{SUM}$
R_2	C_2	F_{22}	$\dfrac{(F_{21} + F_{22} + F_{23})(F_{12} + F_{22} + F_{32})}{SUM}$
R_2	C_3	F_{23}	$\dfrac{(F_{21} + F_{22} + F_{23})(F_{13} + F_{23} + F_{33})}{SUM}$
R_3	C_1	F_{31}	$\dfrac{(F_{31} + F_{32} + F_{33})(F_{11} + F_{21} + F_{31})}{SUM}$
R_3	C_2	F_{32}	$\dfrac{(F_{31} + F_{32} + F_{33})(F_{12} + F_{22} + F_{32})}{SUM}$
R_3	C_3	F_{33}	$\dfrac{(F_{31} + F_{32} + F_{33})(F_{13} + F_{23} + F_{33})}{SUM}$

根据表 3.4，计算每行的 $(F_0 - F_e)^2 / F_e$ 取值，可以得出卡方统计量的值 χ^2 可计

算为：$\sum\limits_{i=1}^{3}\left[F_{1i}-\dfrac{(F_{11}+F_{12}+F_{13})(F_{1i}+F_{2i}+F_{3i})}{SUM}\right]^2 \Big/ \left[\dfrac{(F_{11}+F_{12}+F_{13})(F_{1i}+F_{2i}+F_{3i})}{SUM}\right]+$

$\sum\limits_{j=1}^{3}\left[F_{2j}-\dfrac{(F_{21}+F_{22}+F_{23})(F_{1j}+F_{2j}+F_{3j})}{SUM}\right]^2 \Big/ \left[\dfrac{(F_{21}+F_{22}+F_{23})(F_{1j}+F_{2j}+F_{3j})}{SUM}\right]+$

$\sum\limits_{k=1}^{3}\left[F_{3k}-\dfrac{(F_{31}+F_{32}+F_{33})(F_{1k}+F_{2k}+F_{3k})}{SUM}\right]^2 \Big/ \left[\dfrac{(F_{31}+F_{32}+F_{33})(F_{1k}+F_{2k}+F_{3k})}{SUM}\right]。$

卡方统计量相应的自由度为（R-1）（C-1）。

令 $\alpha=0.05$，查表可知 $\chi^2_{0.05}[(R-1)(C-1)]$ 的值。若 $\chi^2>\chi^2_{0.05}[(R-1)(C-1)]$，则认为行变量与列变量之间存在依赖关系。以人才学历和单位类型为例，若 χ^2 计算值大于 χ^2 查表值，则认为人才学历和单位类型之间存在依赖关系，说明人才学历的分布受单位类型的影响。

3.3　基于分位数思想的科技人才流动影响因素筛选

3.3.1　研究基础

科技人才流动的影响因素是复杂多样的。由于人才自身的选择、环境的影响、社会的发展和政策的吸引，每个人在面临是否改变工作和服务国家时都会有不同考虑，即便是同一个人在不同境遇、不同时刻的选择和考虑也会有差异。比如，科技人才流动可能最先考虑的是个人或家庭的基本生活需求，而部分科技人才可能出于职业发展选择改变工作境遇。从国家和社会层面来看，科技人才流动是一系列因素综合影响的动态结果。这一系列因素包括经济、政治、地理、文化、语言、制度、政策等。比如，当市场作为资源配置主体时，生产要素流动理论揭示出经济利益差异是驱动人力资本流动的根本原因。范乡和骆峤嵘（2005）研究发现，经济增长率对科研投入增量具有显著的 Granger 影响。可见，一国的经济发展状况会直接影响科技投入，从而间接影响科技人才流动。此外，杨芳娟（2016）基于个体动因和社会动因对高端科技人才流动的影响因素进行归纳。个体动因表现在职业发展前景和自我价值实现需要、建立国际科技合作伙伴需要、经济物质和生活条件需要以及情感和文化认同需要共四个方面。《2016 中国海归就业调查报告》显示，超过半数的海外留学人员归国是考虑到对家庭的责任感以及对中华文化的认同感和归属感。社会动因表现在科技人力资本的全球化配置需要、不断加剧的国际科技人才竞争需要、高等教育国际化发展需要和科学技术国际合作需要。

随着世界格局的不断发展和演变，影响科技人才流动的因素会发生变化，但是，从国家层面来看，科技人才流动的影响因素往往会表现出共同的规律，比如，一个国家的经济实力、政治环境、文化氛围，以及全球人力资源配置、国际合作需求等。基于已有研究成果，科技人才流动会受到国民经济、市场物价、财政状况、政府效率、政策法律、社会结构、社会生产率、劳动力市场、态度与价值观和科学基础设施多个方面的影响。结合 IMD 世界竞争力年鉴、世界银行、全球创新指数等公开发布的指标体系，可初步筛选出如表 3.5 所示的科技人才流动影响因素。

表 3.5　　　　　　　　　　　　初步入选的影响因素

序号	影响因素	符号	维度	含义解释
1	国内生产总值	X1	国民经济	单位：十亿美元
2	消费者物价浮动	X2	市场物价	年平均消费者物价率
3	生活成本指数	X3		主要城市包括住房在内的商品和服务的指数
4	总税收	X4	财政状况	占国内生产总值的百分比
5	政府政策的灵活性	X5	政府效率	政府政策对经济变化的适应性
6	政府决策	X6		政府决策的有效执行
7	透明度	X7		对政府政策透明度的满意状况
8	民主性	X8		官僚主义对商业活动的阻碍状况
9	劳动力政策	X9	政策法律	劳动法规
10	移民法律	X10		移民法律是否干预雇佣外国员工
12	公正	X11	社会结构	司法公正
13	个人安全和私有财产	X12		人身安全和私有财产受充分保护状况
14	基尼指数	X13		收入规模平均分配状况
15	劳动生产率	X14	社会生产率	每人每小时国内生产总值（美元）
16	大型企业	X15		国际标准下大公司
17	中小型企业	X16		国际标准下中小公司
18	公司生产率	X17		全球战略支持下的公司生产力

续表

序号	影响因素	符号	维度	含义解释
19	劳动力人数	X18	劳动力市场	就业和登记失业（百万）
20	全球化态度	X19		全球化态度的积极程度
21	海外形象	X20	态度与价值观	国家形象
22	民族文化	X21		民族文化对外国思想的开放程度
23	R&D 总经费	X22		单位：百万美元
24	诺贝尔奖	X23		物理学、化学、生理学或医学和经济学奖项数量
25	专利申请	X24		专利申请数量
26	研究人员与科学家	X25	科学基础设施	被吸引到本国的研究人员和科学家
27	科学研究规章	X26		科学研究相关法律对创新的鼓励程度
28	知识产权	X27		知识产权执行的充分性
29	创新能力	X28		创造新产品等的创新能力

3.3.2　加惩罚项的分位数回归

不同国家在经济、政治、地理、文化等诸多方面均存在不同程度的差异。对于筛选科技人才流动影响因素来说，研究者应该更全面地刻画科技人才流动与其影响因素间的多样化关系，即选择合适的统计模型，研究不同分位数水平下国家科技人才流动与影响因素间的函数关系。在这种情况下，分位数回归理论（Koenker and Bassett，1978）可以刻画数据全貌、处理样本异质性问题、对强影响点表现稳健且不要求数据分布形式，其表达形式为：

$$Q_\tau(y) = \beta_{0,\tau} + x^T\beta_{1,\tau} + z^T\beta_{2,\tau}, \tau \in (0,1) \tag{3.1}$$

其中，$Q_\tau(y)$ 表示因变量 y 的第 τ 分位数，$\beta_{0,\tau}$ 表示常数项，x 和 z 表示自变量，$\beta_{1,\tau}$ 和 $\beta_{2,\tau}$ 分别表示自变量 x 和 z 的分位水平 τ 下的回归系数，$\tau \in (0,1)$ 表示分位水平。

除模型形式外，分位数回归与传统线性回归模型相比，不同之处主要表现在参数估计方面。传统线性回归模型的参数估计方法主要包括极大似然估计法和最小二乘估计法。以最小二乘估计法为例，传统线性回归模型通过找出 β 的估计，使 $e = y - X\beta$ 的长度达到最小，即参数估计方程为 $E(Y) =$

$E\{(Y-X\beta)^2\}$，那么参数估计问题可表示为 $\hat{\beta}=\arg\min_{\beta}\sum_{i=1}^{n}(y_i-x_i^T\beta)^2$。与一般的线性回归模型参数估计问题类似，分位数回归也是寻找合适的 β，以使 $y-X\beta$ 的表达式最小。但是，分位数回归的参数估计借助其特有的损失函数，记为 ρ_τ。其表达式为：$\rho_\tau(r)=r\{\tau-I(r<0)\}$。其中，$I(r<0)$ 为示性函数。当 $r<0$ 时，$\rho_\tau(r)=(\tau-1)r$；当 $r\geq0$ 时，$\rho_\tau(r)=\tau\times r$。相应地，分位数回归的参数估计过程是不同分位数水平下各个回归模型参数估计的集合。即参数估计方程 $Q_\tau(Y)=E\{\rho_\tau(Y-X\beta)\}$ 是含已知分位数水平的估计方程。在不同分位数水平下，分位数回归均有一组参数估计结果。

在科技人才流动与影响因素间的分位数回归关系中，影响因素的个数直接影响模型复杂度。而且当影响因素涉及领域不断拓展、数据可获得性提高时，不同国家科技人才流动研究面临影响因素过多而带来的"维数灾难"问题。在这种情况下，仅仅通过分位数回归已无法满足识别关键影响因素的需求，需要增加惩罚项，实现变量选择，解决因分位数回归模型中自变量过多而带来的模型复杂度过高问题。众所周知，lasso 是一种经典的变量选择方法，通过增加惩罚项对原本系数进行压缩，将较小系数直接压缩为 0，从而将这些变量直接剔除。在 lasso 基础上还有一种自适应的 lasso 方法（记为 Alasso）。本节选择带自适应 lasso 惩罚项的分位数回归模型，筛选不同水平下科技人才流动影响因素，并构建出科技人才流动多水平回归模型。因此，带自适应 lasso 惩罚项的科技人才流动多水平回归模型目标函数的表达式如下所示：

$$S_{Alasso}=\frac{1}{n}\sum_{i=1}^{n}\phi_\tau(y,\beta,x_{missing}^{M/MED},x_{observed})+\lambda\sum_{p=1}^{P}\hat{w}_p^{lasso}\times|\beta_p| \tag{3.2}$$

$$\hat{w}_p^{lasso}=1/(\hat{\beta}^{lasso}+1/n) \tag{3.3}$$

$$S_{lasso}=\frac{1}{n}\sum_{i=1}^{n}\phi_\tau(y,\beta,x_{missing}^{M/MED},x_{observed})+\lambda\sum_{p=1}^{P}|\beta_p| \tag{3.4}$$

其中，式（3.2）表示加自适应 lasso 惩罚项的科技人才流动多水平回归模型目标函数，式（3.3）表示式（3.2）中权重的计算方式，式（3.4）表示加 lasso 惩罚项的科技人才流动多水平回归模型目标函数。$\phi_\tau(u)=u\{\tau-I(u<0)\}$ 表示分位数回归损失函数，τ 表示分位数水平，$I(*)$ 表示示性函数，y 表示因变量，β 表示模型中自变量待估参数。需要说明的是，本节选择均值插补法和中位

数插补法两种单值插补法，对存在缺失数据的自变量 x 进行插补。式（3.2）和式（3.4）中 $x_{missing}^{M/MED}$ 表示存在缺失数据的自变量在均值（M）或中位数（MED）插补后的自变量数据，$\hat{w}_p^{lasso}$ 表示基于加 lasso 惩罚项的分位数回归参数估计结果构建的权重，$x_{observed}$ 表示完整观测的自变量数据，λ 表示调优系数。

3.3.3 应用分析与讨论

本节选取的数据来自 IMD 世界竞争力年鉴、世界银行、全球创新指数等公开的部分官方数据，共包括 63 个国家。其中，科技人才流动是因变量（记为 Y）、科技人才流动影响因素是自变量（见表 3.3）。需要说明的是，多数变量存在不同程度的缺失（受篇幅所限，此处略去缺失情况分布图），本节采用均值插补法和中位数插补法两种单值插补法先处理存在缺失数据的变量。然后，对缺失数据插补完成后的数据构建带自适应 lasso 惩罚项的科技人才流动多水平回归模型。

为方便图表展示，用均值（mean value）插补法处理后构建的模型记为 AlassoM，用中位数（median value）插补法处理后构建的模型记为 AlassoD。取 4/5 的数据作为训练集，1/5 的数据作为测试集，并通过五折交叉验证选择调优参数（λ），选择过程见图 3.2。

通过均值插补后带自适应 lasso 惩罚项的科技人才流动多水平回归模型和中位数插补后带自适应 lasso 惩罚项的科技人才流动多水平回归模型的估计算法，可选出最优的调优参数（λ），具体取值见表 3.6。当分位数水平为 0.25 时，均值插补后带自适应 lasso 惩罚项的科技人才流动多水平回归模型和中位数插补后带自适应 lasso 惩罚项的科技人才流动多水平回归模型中最优的调优参数分别为 0.002 和 0.005。当分位数水平为 0.50 时，均值插补后带自适应 lasso 惩罚项的科技人才流动多水平回归模型和中位数插补后带自适应 lasso 惩罚项的科技人才流动多水平回归模型中最优的调优参数分别为 0.006 和 0.0053。当分位数水平为 0.75 时，均值插补后带自适应 lasso 惩罚项的科技人才流动多水平回归模型和中位数插补后带自适应 lasso 惩罚项的科技人才流动多水平回归模型中最优的调优参数分别为 0.002 和 0.005。

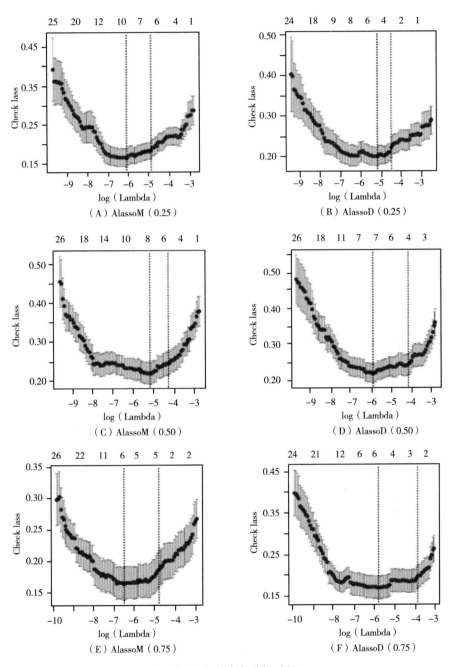

图3.2　调优参数选择过程

表3.6 最优的调优参数

分位数水平	0.25	0.50	0.75
AlassoM	0.002	0.006	0.002
AlassoD	0.005	0.003	0.005

将最优的调优参数代入模型中，可以得到不同分位数水平下的变量选择结果。整个参数估计过程包括基于所有数据开展五折交叉验证的参数估计，以及基于 200 次 Bootstrap 的参数估计。参数估计结果包括参数估计值、参数估计误差平方（将测试数据集中自变量数据代入训练集数据训练出的模型，预测 y 值，求其与测试集中 y 真实值差距的平方）。

表 3.7 展示了分位数水平为 0.25、0.50 和 0.75 时的变量选择及参数估计结果。受篇幅所限，本节仅展示模型选出的变量（即系数不为 0）及相应的参数估计结果，所有方法均未选择的变量未在表 3.7 中列出。需要说明的是，在表 3.7 中，△表示在相应分位数水平下未被 AlassoM 或 AlassoD 选出的变量；☆表示在所有分位数水平下被均值插补后带自适应 lasso 惩罚项的科技人才流动多水平回归模型和中位数插补后带自适应 lasso 惩罚项的科技人才流动多水平回归模型选出的变量；□表示在同一分位数水平下未被均值插补后带自适应 lasso 惩罚项的科技人才流动多水平回归模型或中位数插补后带自适应 lasso 惩罚项的科技人才流动多水平回归模型选出的变量；■表示在同一分位数水平下被均值插补后带自适应 lasso 惩罚项的科技人才流动多水平回归模型和中位数插补后带自适应 lasso 惩罚项的科技人才流动多水平回归模型选出的变量；▬表示在同一分位数水平下被均值插补后带自适应 lasso 惩罚项的科技人才流动多水平回归模型或中位数插补后带自适应 lasso 惩罚项的科技人才流动多水平回归模型选出的变量。

表 3.7 不同分位数水平下变量选择及参数估计结果

序号	分位水平	0.25			0.50			0.75		
	方法	AlassoM	AlassoD		AlassoM	AlassoD		AlassoM	AlassoD	
0	截距项	− 0.243	− 0.306	—	0.074	0.083	–	0.317	0.342	—	–
1	X1	− 0.014	△	▬	△	△	□	△	△	□	–
2	X3	0.030	△	▬	△	△	□	△	△	□	–

续表

序号	分位水平	0.25			0.50			0.75			
	方法	AlassoM	AlassoD		AlassoM	AlassoD		AlassoM	AlassoD		
3	X8	△	△	□	0.039	0.057	■	0.365	0.326	■	–
4	X9	− 0.039	△	▬	△	△	□	△	△	□	–
5	X10	0.139	△	▬	0.173	0.189	■	0.152	0.043	■	–
6	X11	△	△	□	0.226	0.210	■	0.041	△	▬	–
7	X14	0.327	0.255	■	0.088	0.071	■	△	△	□	–
8	X16	△	0.074	▬	△	△	□	△	△	□	–
9	X17	0.269	△	▬	△	△	□	△	△	□	–
10	X18	0.501	0.270	■	0.230	0.226	■	0.256	0.206	■	☆
11	X19	0.261	0.461	■	0.298	0.310	■	0.145	0.087	■	☆
12	X20	△	△	□	△	△	□	△	0.103	▬	–
13	X24	− 0.068	△	▬	△	△	□	△	△	□	–
14	X28	0.268	0.172	■	0.196	0.189	■	0.261	0.239	■	☆

由表 3.7 可知，在不同的分位数水平下，被均值插补后带自适应 lasso 惩罚项的科技人才流动多水平回归模型和中位数插补后带自适应 lasso 惩罚项的科技人才流动多水平回归模型共同选出的变量包括劳动力人数（X18）、全球化态度（X19）和创新能力（X28），可以被认为是不同分位数水平下不同模型选出的影响科技人才流动的共性因素。其余变量在不同分位数水平、不同模型下表现出不同规律。

当分位数水平等于 0.25 时，均值插补后带自适应 lasso 惩罚项的科技人才流动多水平回归模型和中位数插补后带自适应 lasso 惩罚项的科技人才流动多水平回归模型同时筛选出 4 个相同的影响因素，具体包括劳动生产率（X14，回归系数分别为 0.327 和 0.255）、劳动力人数（X18，回归系数分别为 0.501 和 0.270）、全球化态度（X19，回归系数分别为 0.261 和 0.461）、创新能力（X28，回归系数分别为 0.268 和 0.172）。均值插补后带自适应 lasso 惩罚项的科技人才流动多水平回归模型和中位数插补后带自适应 lasso 惩罚项的科技人才流动多水平回归模型均没有选出的变量包括民主性（X8）、公正（X11）、海外形象（X20）。被均值插补后带自适应 lasso 惩罚项的科技人才流动多水平回归模型或者中位数插补后带自适应 lasso 惩罚项的科技人才流动多水平回归模型选出的变量包括国内生产总值（X1，回归系数为-0.014）、生活成本指数（X3，回归系数为0.030）、劳动力政策（X9，回归系数为-0.039）、移民法律（X10，回归系数为0.139）、中小型企业（X16，回归系数为0.074）、公司生产率（X17，回归系数为0.269）、专利申请（X24，回归系数为-0.068）。与其他变量相比，被两种模型共同选出的变量的系数较大，突出显示劳动生产率、劳动力人数、全球化态度、创新能力对科技人才流动的重要性。此外，被均值插补后带自适应lasso惩罚项的科技人才流动多水平回归模型选出的公司生产率（X17，回归系数为0.269）的系数也较大，在一定程度上也反映出对科技人才流动的重要性，同时也说明不同缺失数据插补方法会对模型构成（模型中自变量）产生影响。

当分位数水平等于0.50时，均值插补后带自适应lasso惩罚项的科技人才流动多水平回归模型和中位数插补后带自适应lasso惩罚项的科技人才流动多水平回归模型筛选出相同的科技人才影响因素，且同一个影响因素的系数估计结果较为近似。均值插补后带自适应lasso惩罚项的科技人才流动多水平回归模型和中位数插补后带自适应lasso惩罚项的科技人才流动多水平回归模型同时筛选出的影响因素包括民主性（X8，回归系数分别为0.039和0.057）、移民法律（X10，回归系数分别为0.173和0.189）、公正（X11，回归系数分别为0.226和0.210）、劳动生产率（X14，回归系数分别为0.088和0.071）、劳动力人数（X18，回归系数分别为0.230和0.226）、全球化态度（X19，回归系数分别为0.298和0.310）、创新能力（X28，回归系数分别为0.196和0.189）。均值插补后带自适应lasso惩罚项的科技人才流动多水平回归模型和中位数插补后带自适应lasso惩罚项的科技人才流动多水平回归模型均未筛选出的影响因素包括国内生产总值（X1）、生活成本指数（X3）、劳动力政策（X9）、中小型企业（X16）、公司生产率（X17）、海外形象（X20）、专利申请（X24）。其中，公正（X11）、劳动力人数（X18）、全球化态度（X19）对科技人才流动的影响作用最大。

当分位数水平等于0.75时，均值插补后带自适应lasso惩罚项的科技人才流动多水平回归模型和中位数插补后带自适应lasso惩罚项的科技人才流动多水平回归模型同时筛选出的科技人才影响因素包括民主性（X8，回归系数分别为

0.365 和 0.326)、移民法律(X10,回归系数分别为 0.152 和 0.043)、劳动力人数(X18,回归系数分别为 0.256 和 0.206)、全球化态度(X19,回归系数分别为 0.145 和 0.087)、创新能力(X28,回归系数分别为 0.261 和 0.239)。均值插补后带自适应 lasso 惩罚项的科技人才流动多水平回归模型和中位数插补后带自适应 lasso 惩罚项的科技人才流动多水平回归模型均未筛选出的科技人才影响因素包括国内生产总值(X1)、生活成本指数(X3)、劳动力政策(X9)、劳动生产率(X14)、中小型企业(X16)、公司生产率(X17)、专利申请(X24)。被均值插补后带自适应 lasso 惩罚项的科技人才流动多水平回归模型或者中位数插补后带自适应 lasso 惩罚项的科技人才流动多水平回归模型选出的变量包括公正(X11,回归系数为 0.041)、海外形象(X20,回归系数为 0.103)。

图 3.3 是基于 200 次 Bootstrap,均值插补后带自适应 lasso 惩罚项的科技人才流动多水平回归模型和中位数插补后带自适应 lasso 惩罚项的科技人才流动多水平回归模型在预测误差及筛选变量数量方面的表现。

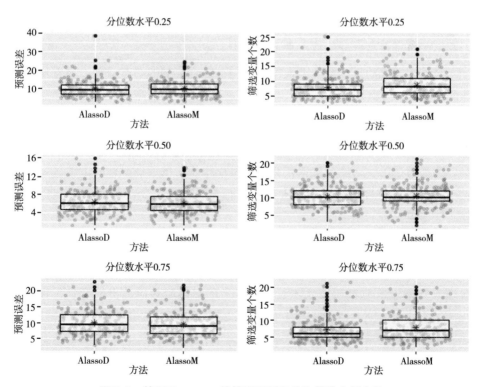

图 3.3 基于 Bootstrap 的模型预测误差和筛选变量个数

由图 3.3 可知，在分位数水平为 0.25、0.50 和 0.75 的情况下，基于 200 次 Bootstrap 的均值插补和基于 200 次 Bootstrap 的中位数插补的带自适应 lasso 惩罚项的科技人才流动多水平回归模型在预测误差方面没有明显差异。两类模型在筛选变量个数方面存在一定差异。当分位数水平为 0.25 和 0.75 时，基于均值插补的带自适应 lasso 惩罚项的科技人才流动多水平回归模型筛选出相对较多的变量，且 200 次 Bootstrap 每次筛选出的变量个数具有较大的波动性（箱子在 y 轴方向上较长）。当分位数水平为 0.50 时，基于均值插补的带自适应 lasso 惩罚项的科技人才流动多水平回归模型和基于中位数插补的带自适应 lasso 惩罚项的科技人才流动多水平回归模型筛选变量个数较为接近，而且基于均值插补的带自适应 lasso 惩罚项的科技人才流动多水平回归模型每次筛选出的变量个数具有较小的波动性（箱子在 y 轴方向上较短）。由此说明，均值插补法和中位数插补法对于带自适应 lasso 惩罚项的科技人才流动多水平回归模型在预测误差方面的表现没有明显影响，从模型复杂度来看（筛选出变量的数量），基于中位数插补的科技人才流动多水平回归模型筛选出较少的变量个数，尤其是在高低分位数水平下表现出一定的优势。

科技人才流动是一系列因素相互作用、综合影响的动态结果。随着科学研究的全球化、互联网络的不断扩张以及沟通渠道的畅通便捷，科技人才流动会受到经济、政治、地理、文化、语言、制度、政策等诸多因素的影响，本节从国民经济、市场物价、财政状况、政府效率、政策法律、社会结构、社会生产率、劳动力市场、态度与价值观和科学基础设施角度选择指标，借助带自适应 lasso 惩罚项的科技人才流动多水平回归模型，筛选不同分位数水平下影响科技人才流动的重要因素。

在不同的分位数水平下，劳动力人数、全球化态度和创新能力是被均值插补后带自适应 lasso 惩罚项的科技人才流动多水平回归模型和中位数插补后带自适应 lasso 惩罚项的科技人才流动多水平回归模型共同选出的变量，在一定程度上表达出不同分位数水平下所有国家科技人才流动面临的共性难题和挑战。除上述共性因素外，当分位数水平等于 0.25 时，劳动生产率对科技人才流动的影响效应较为显著；当分位数水平等于 0.50 时，移民法律、公正对科技人才流动的影响效应较为显著；当分位数水平等于 0.75 时，民主性对科技人才流动的影响效应较为显著。

尽管本节通过统计模型对影响科技人才流动的因素进行分析和讨论，但是，伴随着知识经济的兴起，以及物联网、云计算等智慧产业的迅速发展，有极大可能会涌现出更多的且可获得的科技人才流动影响因素指标数据。面对数据量的不断增加以及数据问题的层出不穷，用于研究科技人才流动的模型和方法将面临诸多挑战。比如，从科技人才流动网络角度挖掘影响科技人才流入、流出的动态规律，面对不同程度的缺失数据选择恰当的缺失数据处理方法。更重要的一点是，如何通过提高模型与方法的运算效率，以应对大数据带来的计算负担，等等。

在未来研究中，笔者将进一步扩大科技人才流动影响因素的研究范畴，从高维数据、缺失数据角度开展更多的理论研究和应用研究工作，为描绘不同国家科技人才流动动机和成因提供更多有效的方法和工具。

3.4 全国人均绩效增资统计模型研究

3.4.1 研究基础

党的二十大报告明确了中国式现代化的本质要求，即"坚持中国共产党领导，坚持中国特色社会主义，实现高质量发展，发展全过程人民民主，丰富人民精神世界，实现全体人民共同富裕，促进人与自然和谐共生，推动构建人类命运共同体，创造人类文明新形态"。其中，共同富裕是中国特色社会主义的本质要求，也是一个长期的历史过程。在着力促进全体人民共同富裕的过程中，要始终将实现人民对美好生活的向往作为出发点和落脚点，让人民具备与之相匹配的消费能力，过上体面生活。

绩效工资是以对职工绩效的有效考核为基础，实现将工资与考核结果相挂钩的工资制度。绩效工资水平关系广大职工切身利益，是单位发展根基、激发职工创新创造活力的关键所在。尤其是在当前国际国内环境错综复杂的形势下，世界经济陷入低迷期，如何保证广大职工绩效工资水平持续正常增长，使其安心、专心、静心、耐心地干好本职工作，高质量高效率完成重要任务，打赢关键核心技术攻坚战，具有非常重要的现实意义。

当前，收入分配制度存在地区间、行业间收入分配不均衡。而相应的单位收入分配数据库系统不够健全、收入分配统计口径与现实脱节、收入分配监管和调控难度大，使得收入分配制度方面所面临的问题无法及时解决。因此，需要通过统计模型，进行量化计算，为全国人均绩效增资提供扎实依据。

下面先简要回顾一下我国工资制度改革。自中华人民共和国成立以来，我国根据经济社会发展要求，共开展了四次工资制度改革。赵东宛、谢文雄和李树泉（2016），熊亮（2019），易阳梅（2015）等对1956年、1985年、1993年和2006年四次工资制度改革进行了系统梳理。

（1）1956年开展的工资制度改革是我国首次全国性的工资制度改革，建立了以职务等级制度为核心的工资制度。这次改革主要完成四项内容：一是确立全国执行统一的职务等级工资制度。二是在前期供给制和工资制改革的基础上，实现供给制和工资制的并轨，所有人员均实行工资制。三是照顾不同地区生活成本的差别，将全国划分为十一类工资区。四是提高工资水平。这次改革从根本上解决了历史遗留的工资制度较为混乱的问题，为后来我国推行统一、合理的现行工资制度奠定了良好基础。

（2）1985年工资制度改革是我国开展的关于明确各行各业专业技术人员工资标准的一次改革。这次改革主要解决国家机关和事业单位以及企业的工资制度改革问题。具体来说，这次改革基本解决了国家机关在工资制度方面职级不符的问题，比较彻底地解决了"政企不分"的问题，给了企业工资分配自主权。这次改革分别制定了《教育部所述高等学校教学人员、中国科学院社会科学院所属研究所研究人员工资标准表》《卫生部所述医疗卫生单位卫生技术人员工资标准表》等具体行业的专业技术人员工资标准。其他专业技术人员工资标准由国务院各主管部门在不超过上述人员工资标准的原则下拟定，经劳动人事部审查，报国务院批准后实行。各省份所属事业单位工作人员的工资标准，由各省份在不超过国务院各主管部门所属事业单位同类人员工资标准的原则下制定。

（3）1993年工资制度改革建立起了符合各行业特点的工资制度。这次改革主要包括五个方面的内容：一是面向教育、科研、卫生、农业、林业、水利、气象、地震、设计、新闻、出版、广播电视、技术监督、商品检验、环境保护以及图书馆、博物馆、档案馆等事业单位的专业技术人员的专业技术职务等级工资制，工资主要由专业技术职务工资、津贴和奖金三部分构成。二是面向地质、测绘和交通、海洋、水产等事业单位的专业技术人员的专业技术职务岗位工资制，工资主要由专业技术职务工资、岗位津贴和奖金三个部分构成。三是面向各地区和有关部门、社会团体等所属的歌舞团、芭蕾舞团、话剧团、乐团、艺术团、曲艺团、杂技团、文工团、各类剧团等专业文化艺术表演团体中的表演人员的艺术结构工资制，工资主要由艺术专业职务工资、表演档次津贴、演出场次津贴和奖金四部分构成。四是面向体育系统所属各级优秀运动队的体育运动员的体育津贴、奖金制，工资主要由体育基础津贴、运动员成绩津贴和奖金三部分构成。五是面向中国工商银行、中国农业银行、中国人民建设银行①、中国银行、中国人民保险公司及其分支机构的行员等级工资制，工资主要由行员等级工资和责任目标津贴两部分构成。

（4）2006 年工资制度改革是对不同行业、不同类型、不同性质和职能的事业单位，统一实行岗位绩效工资制度、探索不同绩效工资总量调控办法的一次重要改革。2006 年，国家实施《中华人民共和国公务员法》，2006 年 6 月，国务院印发《国务院关于改革公务员工资制度的通知》，正式开始公务员工资制度改革，人事部和财政部印发了《关于印发事业单位工作人员收入分配制度改革方案的通知》，正式开始事业单位工资制度改革。这次改革也是随着我国社会主义市场经济体制的建立和各项制度改革的不断深化而形成的、最能反映当前经济社会发展要求的工资制度改革。这次工资制度改革之后，我国继续开展了五项工资制度改革相关工作：一是探索建立公务员和企业相当人员工资调查比较制度；二是以公立医院薪酬制度改革为代表探索建立体现行业特点的事业单位工资制度；三是通过机构改革将公务员和事业单位的工资分开管理；四是建立了职务与职级并行的工资制度；五是结合机关事业单位养老保险制度改革调整基本工资标准，优化工资结构，建立基本工资的正常增长机制。

---

① 该银行于1996年更名为中国建设银行。

近年来，国内相关领域专家从不同单位类型、职业群体等方面开展了关于绩效工资问题和对策的相关研究。蔡晓艳（2022）指出现阶段事业单位实施绩效工资制度存在基础控制难度大、分配方案难、考核制度不匹配等问题，并提出控制策略。吴蓉蓉（2022）针对技工学校奖励性绩效工资分配现状，分析现存的思想观念未更新、奖励上限固化、特定人群发展空间小、制度标准相似等问题，提出形成多样性奖励机制、强化队伍建设、建立科学化考核制度、加大考核制度执行力度等解决对策。孙逸仙（2022）基于云南省 V 县的实地调查开展乡村教师绩效工资分配的公平性研究，发现乡村教师绩效工资无财政支持，分配现状不佳，乡村教师满意度较低。并建议政府要参考公务员工资，提高绩效工资总量，通过简政放权赋权乡村教师。方洁（2022）选取部分公立医院核心医务人员进行调查，采用基尼系数等工具研究绩效工资的收入差距及其激励作用，研究发现公立医院绩效工资分配存在"平均化"问题，未能充分发挥激励作用。何宪（2022）研究发现，大多数事业单位不适合使用工资总额与经济效益挂钩的办法，需要探索工资总额与经济效益挂钩的科学方法。谢世堂等（2017）建立包含基础奖、完成率奖、超额奖的三阶段测算方法，并验证方法运行稳健，能够促进医院改进内部绩效工资分配工作的质量和效率。李玉蕾和袁乐平（2013）以 874 家中国企业的人力资源管理数据为对象，发现战略人力资源管理会对企业绩效产生正向的积极影响。蒋忠萍（2022）对事业单位收入分配制度的若干问题进行思考，从不同层级、不同行业角度分别讨论了事业单位收入分配总量的调控内容。

3.4.2　人均绩效增资测算方案

3.4.2.1　涉及变量与符号说明

人均绩效增资需要考虑的因素非常丰富。从国际国内相对环境来看，需要考虑国际某行业收入分配水平及其所在国社会平均工资间关系情况，以作为参考，确定我国某行业收入分配水平及其国内社会平均工资间关系。从单位所处大环境来看，需要考虑国家战略定位、经济社会发展状况、财政收支情况、区域自然环境、总人口数等诸多因素。其中区域自然环境还需要考虑地形恶劣程度、资源匮乏程度等方面因素。从单位本身来看，需要充分考虑单位收入分配现状、在岗职工平均工资、单位人数等多方面因素，作出决策。

结合研究过程中的实际难度和可操作性，本节以人均绩效增资为测算对象，决定统计模型的关键因素包括绩效工资水平、人数和增长率。需要说明的是，这三个因素通常需要限定在一段时期内，比如一年、一个季度、一个月等。本节将关键因素以及统计模型限定在以年为单位的时期内。因此，用于测算的关键因素主要包括年绩效工资水平、年平均人数和每年增长率。

考虑到不同地区、不同单位类型乃至不同单位的绩效工资基础不同，在考虑增长时，需要分档处理，分档依据主要考虑所在地的年人均绩效工资水平，通过乘以相应的倍数得到各个档位区间的上限和下限。

结合上述拟解决的具体问题，在计算各个单位类型下所有单位的人均绩效增资情况、不同地区单位的人均绩效增资情况乃至全国人均绩效增资情况时，有必要纳入单位数量，以便于汇总单位增资总量以及人均绩效增资的测算。经过上述对全国人均绩效增资测算所需关键因素的分析，为方便后续统计模型表述，表3.8 给出所涉及的变量以及符号说明。

表3.8	涉及变量及符号说明
符号	含义
$D_i(i=1,\cdots,I)$	第 i 个地区
$U_j(j=1,\cdots,J)$	第 j 种单位类型
$UN_k(k=1,\cdots,K)$	第 k 个单位
$\mathcal{U}_{ijk}(i=1,\cdots,I;j=1,\cdots,J;k=1,\cdots,K)$	第 i 个地区第 j 种单位类型第 k 个单位
$\mathcal{P}_{ijk}(i=1,\cdots,I;j=1,\cdots,J;k=1,\cdots,K)$	第 i 个地区第 j 种单位类型第 k 个单位的年平均人数
$\mathcal{S}_{ijk}(i=1,\cdots,I;j=1,\cdots,J;k=1,\cdots,K)$	第 i 个地区第 j 种单位类型第 k 个单位的年人均绩效工资水平
$\mathcal{GR}_{ijk}(i=1,\cdots,I;j=1,\cdots,J;k=1,\cdots,K)$	第 i 个地区第 j 种单位类型第 k 个单位的增长率
$\mathcal{DS}_i(i=1,\cdots,I)$	第 i 个地区的所在地年平均绩效工资水平
$\mathcal{C}_w(w=1,\cdots,W)$	第 w 个年人均绩效工资水平档位
$\mathcal{GR}_{ijk}^w(i=1,\cdots,I;j=1,\cdots,J;k=1,\cdots,K)$	第 i 个地区第 j 种单位类型第 k 个单位的第 w 个年人均绩效工资水平档位增长率
A	倍数

续表

符号	含义
I{ · }	示性函数
K	单位数量总和
K_i	第 i 个地区的单位数量
K_{ij}	第 i 个地区第 j 种单位类型的单位数量
K_{ij}^w	第 i 个地区第 j 种单位类型第 w 个年人均绩效工资水平档位的单位数量
C	年人均绩效工资水平与增长率之间相关系数
C_i	第 i 个地区的年人均绩效工资水平与增长率之间相关系数
C_{ij}	第 i 个地区第 j 种单位类型的年人均绩效工资水平与增长率之间相关系数
C_{ij}^w	第 i 个地区第 j 种单位类型第 w 个年人均绩效工资水平档位的年人均绩效工资水平与增长率之间相关系数

3.4.2.2 模型总体框架与基本规则

全国人均绩效增资统计模型本质上是一个包含前端、中端和后端的复杂的系统工程。前端具体是指关键因素的挖掘和输入，中端是指不同增资方案下人均增资的测算，后端则包括基于收入分配总量备案制的管理与实现。结合本节所提出的统计模型的具体内容，模型总体框架见图3.4。

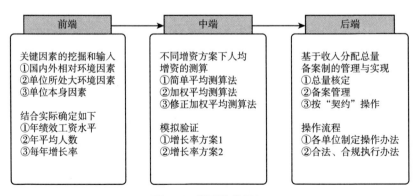

图 3.4 模型总体框架

考虑到不同单位、不同单位类型、不同地区的人均绩效工资水平存在不同程度的差异，因此在进行人均绩效工资测算时，需要按现存的年人均绩效工资水平的不同档位分别处理。理论上，年人均绩效工资水平已经处于较高档位的单位，增资情况不能高于处于较低档位的单位，以防止进一步拉大绩效工资收入差距。基于上述分析，在人均绩效增资统计模型提出前，需建立下述三条基本规则。

规则 3.1：关于年人均绩效工资水平划档标准。以所在地年平均绩效工资水平为参照，将不同单位按年人均绩效工资水平划分为不同档次，具体见表 3.9。

表 3.9　　　　　　　　　　年人均绩效工资水平划档标准

档位	年人均绩效工资水平取值范围	含义
1	$(0, A \times \mathcal{DS}_i]$	下限：0 上限：第 i 个地区的所在地年平均绩效工资水平的 A 倍
2	$(A \times \mathcal{DS}_i, 2 \times A \times \mathcal{DS}_i]$	下限：第 i 个地区的所在地年平均绩效工资水平的 A 倍 上限：第 i 个地区的所在地年平均绩效工资水平的 2A 倍
3	$(2 \times A \times \mathcal{DS}_i, 3 \times A \times \mathcal{DS}_i]$	下限：第 i 个地区的所在地年平均绩效工资水平的 2A 倍 上限：第 i 个地区的所在地年平均绩效工资水平的 3A 倍
...	...	......
w	$((w-1) \times A \times \mathcal{DS}_i, w \times A \times \mathcal{DS}_i]$	下限：第 i 个地区的所在地年平均绩效工资水平的（w−1）A 倍 上限：第 i 个地区的所在地年平均绩效工资水平的 wA 倍

规则 3.2：关于增资计算方法的基本原理。增资计算方法的基本原理直接体现了人均绩效增资统计模型的核心思想。第 i 个地区第 j 种单位类型第 k 个单位 $\mathcal{U}_{ijk}$ 的人均增资情况为 $\triangle_{ijk} = \mathcal{S}_{ijk} \times \mathcal{GR}_{ijk}$。第 i 个地区第 j 种单位类型第 k 个单位 $\mathcal{U}_{ijk}$ 的增资总量为 $\overline{\triangle}_{ijk} = \mathcal{P}_{ijk} \times \mathcal{S}_{ijk} \times \mathcal{GR}_{ijk}$。

规则 3.3：关于不同档位增资要求。总体上，要求不同档位增资情况需要满足以下两条。（1）年人均绩效工资水平处于高档位的增资情况应小于年人均绩效工资水平处于低档位的增资情况，具体可用符号表示为 $\mathcal{S}_{ijk} \times \mathcal{GR}_{ijk}^w < \mathcal{S}_{ijk} \times \mathcal{GR}_{ijk}^{(w-1)}$。（2）年人均绩效工资水平处于高档位的增资总量应小于年人均

绩效工资水平处于低档位的增资总量，具体可用符号表示为 $\mathcal{P}_{ijk} \times \mathcal{S}_{ijk} \times \mathcal{GR}_{ijk}^{w} < \mathcal{P}_{ijk} \times \mathcal{S}_{ijk} \times \mathcal{GR}_{ijk}^{(w-1)}$。

3.4.2.3 三种测算方法

（1）简单平均测算法。考虑到不同地区、不同单位类型、不同档位工资这三个角度，简单平均测算法主要包括四部分内容。

①第 i 个地区第 j 种单位类型第 w 档工资的人均绩效增资测算方法。第 i 个地区第 j 种单位类型第 w 档工资的增资总量为 $\sum_{k=1}^{K} \triangle_{ijk} \times I\{\mathcal{S}_{ijk} \in ((w-1) \times A \times \mathcal{DS}_{i}, w \times A \times \mathcal{DS}_{i}]\} = \sum_{k=1}^{K} \mathcal{S}_{ijk} \times \mathcal{GR}_{ijk} \times I\{\mathcal{S}_{ijk} \in ((w-1) \times A \times \mathcal{DS}_{i}, w \times A \times \mathcal{DS}_{i}]\}$。增资总量除以第 i 个地区第 j 种单位类型第 w 个年人均绩效工资水平档位的单位数量 K_{ij}^{w}，即可得到第 i 个地区第 j 种单位类型第 w 档工资的人均增资为：$(1/K_{ij}^{w}) \sum_{k=1}^{K} \triangle_{ijk} \times I\{\mathcal{S}_{ijk} \in ((w-1) \times A \times \mathcal{DS}_{i}, w \times A \times \mathcal{DS}_{i}]\} = (1/K_{ij}^{w}) \sum_{k=1}^{K} \mathcal{S}_{ijk} \times \mathcal{GR}_{ijk} \times I\{\mathcal{S}_{ijk} \in ((w-1) \times A \times \mathcal{DS}_{i}, w \times A \times \mathcal{DS}_{i}]\}$。

②第 i 个地区第 j 种单位类型的人均绩效增资测算方法。第 i 个地区第 j 种单位类型的增资总量为 $\sum_{k=1}^{K} \triangle_{ijk} = \sum_{k=1}^{K} \mathcal{S}_{ijk} \times \mathcal{GR}_{ijk}^{*}$。增资总量除以第 i 个地区第 j 种单位类型的单位数量 K_{ij}，即可得到第 i 个地区第 j 种单位类型的人均增资为：$(1/K_{ij}) \sum_{k=1}^{K} \triangle_{ijk} = (1/K_{ij}) \sum_{k=1}^{K} \mathcal{S}_{ijk} \times \mathcal{GR}_{ijk}^{*}$。

③第 i 个地区的人均绩效增资测算方法。第 i 个地区的增资总量为 $\sum_{j=1}^{J} \sum_{k=1}^{K} \triangle_{ijk} = \sum_{j=1}^{J} \sum_{k=1}^{K} \mathcal{S}_{ijk} \times \mathcal{GR}_{ijk}^{*}$。增资总量除以第 i 个地区的单位数量 K_{i}，即可得到第 i 个地区的人均增资为：$(1/K_{i}) \sum_{j=1}^{J} \sum_{k=1}^{K} \triangle_{ijk} = (1/K_{i}) \sum_{j=1}^{J} \sum_{k=1}^{K} \mathcal{S}_{ijk} \times \mathcal{GR}_{ijk}^{*}$。

④所有地区的人均绩效增资测算方法。所有地区的增资总量为 $\sum_{i=1}^{I} \sum_{j=1}^{J} \sum_{k=1}^{K} \triangle_{ijk} = \sum_{i=1}^{I} \sum_{j=1}^{J} \sum_{k=1}^{K} \mathcal{S}_{ijk} \times \mathcal{GR}_{ijk}^{*}$。增资总量除以单位数量总和 K，即可得到所有地

区的人均增资为：$(1/K) \sum\limits_{i=1}^{I} \sum\limits_{j=1}^{J} \sum\limits_{k=1}^{K} \triangle_{ijk} = (1/K) \sum\limits_{i=1}^{I} \sum\limits_{j=1}^{J} \sum\limits_{k=1}^{K} \mathcal{S}_{ijk} \times \mathcal{GR}_{ijk}^{*}$。

（2）加权平均测算法。加权平均测算法的提出是建立在简单平均思想基础上的，考虑到不同单位存在不同规模的人数，因此需要在计算人均增资时考虑人数因素。具体来说，就是用这家单位的人数占总人数的百分比作为权重，纳入模型中。加权平均测算法仍然包括四个层面：第 i 个地区第 j 种单位类型第 w 档工资的加权人均绩效增资测算方法、第 i 个地区第 j 种单位类型的加权人均绩效增资测算方法、第 i 个地区的加权人均绩效增资测算方法和所有地区的加权人均绩效增资测算方法，具体见表3.10。

表 3.10　　　　　基于加权平均思想的人均绩效增资测算方法

层面	目标	模型形式
第 i 个地区第 j 种单位类型第 w 档工资	人数总和	$\sum\limits_{k=1}^{K} \mathcal{P}_{ijk} \times I\{\mathcal{S}_{ijk} \in ((w-1) \times A \times \mathcal{DS}_i, w \times A \times \mathcal{DS}_i]\}$
	增资总量	$\sum\limits_{k=1}^{K} \overline{\triangle}_{ijk} \times I\{\mathcal{S}_{ijk} \in ((w-1) \times A \times \mathcal{DS}_i, w \times A \times \mathcal{DS}_i]\}$ 其中，$\overline{\triangle}_{ijk} = \mathcal{P}_{ijk} \times \mathcal{S}_{ijk} \times \mathcal{GR}_{ijk}$
	人均增资	$\dfrac{\sum\limits_{k=1}^{K} \overline{\triangle}_{ijk} \times I\{\mathcal{S}_{ijk} \in ((w-1) \times A \times \mathcal{DS}_i, w \times A \times \mathcal{DS}_i]\}}{\sum\limits_{k=1}^{K} \mathcal{P}_{ijk} \times I\{\mathcal{S}_{ijk} \in ((w-1) \times A \times \mathcal{DS}_i, w \times A \times \mathcal{DS}_i]\}} =$ $\dfrac{\sum\limits_{k=1}^{K} \mathcal{P}_{ijk} \times \mathcal{S}_{ijk} \times \mathcal{GR}_{ijk} \times I\{\mathcal{S}_{ijk} \in ((w-1) \times A \times \mathcal{DS}_i, w \times A \times \mathcal{DS}_i]\}}{\sum\limits_{k=1}^{K} \mathcal{P}_{ijk} \times I\{\mathcal{S}_{ijk} \in ((w-1) \times A \times \mathcal{DS}_i, w \times A \times \mathcal{DS}_i]\}}$
第 i 个地区第 j 种单位类型	人数总和	$\sum\limits_{k=1}^{K} \mathcal{P}_{ijk}$
	增资总量	$\sum\limits_{k=1}^{K} \overline{\triangle}_{ijk} = \sum\limits_{k=1}^{K} \mathcal{P}_{ijk} \times \mathcal{S}_{ijk} \times \mathcal{GR}_{ijk}^{*}$
	人均增资	$\dfrac{\sum\limits_{k=1}^{K} \overline{\triangle}_{ijk}}{\sum\limits_{k=1}^{K} \mathcal{P}_{ijk}} = \dfrac{\sum\limits_{k=1}^{K} \mathcal{P}_{ijk} \times \mathcal{S}_{ijk} \times \mathcal{GR}_{ijk}^{*}}{\sum\limits_{k=1}^{K} \mathcal{P}_{ijk}} = \sum\limits_{k=1}^{K} \dfrac{\mathcal{P}_{ijk}}{\sum\limits_{k=1}^{K} \mathcal{P}_{ijk}} \times \mathcal{S}_{ijk} \times \mathcal{GR}_{ijk}^{*}$

续表

层面	目标	模型形式
第 i 个地区	人数总和	$\sum\limits_{j=1}^{J}\sum\limits_{k=1}^{K}P_{ijk}$
	增资总量	$\sum\limits_{j=1}^{J}\sum\limits_{k=1}^{K}\overline{\triangle}_{ijk}=\sum\limits_{j=1}^{J}\sum\limits_{k=1}^{K}P_{ijk}\times S_{ijk}\times GR_{ijk}^{*}$
	人均增资	$\dfrac{\sum\limits_{j=1}^{J}\sum\limits_{k=1}^{K}\overline{\triangle}_{ijk}}{\sum\limits_{j=1}^{J}\sum\limits_{k=1}^{K}P_{ijk}}=\dfrac{\sum\limits_{j=1}^{J}\sum\limits_{k=1}^{K}P_{ijk}\times S_{ijk}\times GR_{ijk}^{*}}{\sum\limits_{j=1}^{J}\sum\limits_{k=1}^{K}P_{ijk}}$
所有地区	人数总和	$\sum\limits_{i=1}^{I}\sum\limits_{j=1}^{J}\sum\limits_{k=1}^{K}P_{ijk}$
	增资总量	$\sum\limits_{i=1}^{I}\sum\limits_{j=1}^{J}\sum\limits_{k=1}^{K}\overline{\triangle}_{ijk}=\sum\limits_{i=1}^{I}\sum\limits_{j=1}^{J}\sum\limits_{k=1}^{K}P_{ijk}\times S_{ijk}\times GR_{ijk}^{*}$
	人均增资	$\dfrac{\sum\limits_{i=1}^{I}\sum\limits_{j=1}^{J}\sum\limits_{k=1}^{K}\overline{\triangle}_{ijk}}{\sum\limits_{i=1}^{I}\sum\limits_{j=1}^{J}\sum\limits_{k=1}^{K}P_{ijk}}=\dfrac{\sum\limits_{i=1}^{I}\sum\limits_{j=1}^{J}\sum\limits_{k=1}^{K}P_{ijk}\times S_{ijk}\times GR_{ijk}^{*}}{\sum\limits_{i=1}^{I}\sum\limits_{j=1}^{J}\sum\limits_{k=1}^{K}P_{ijk}}$

（3）修正后的加权平均测算法。有时，我们发现，对于年人均绩效工资水平越高的单位，其增长率相应也越高，而对于年人均绩效工资水平越低的单位，其增长率相应也越低。换言之，年人均绩效工资水平与增长率之间存在正向相关关系。在这种情况下，需要通过相关系数对加权平均思想的模型进行修正，以避免出现年人均绩效工资水平越高增长幅度越大，而年人均绩效工资水平越低增长幅度越小的现象，造成年人均绩效工资水平持续拉大的局面。

年人均绩效工资和增长率的相关系数计算方法为：$cor(S_{ijk},GR_{ijk})$。其中，cor 表示相关系数函数，且 $i=1,\cdots,I$；$j=1,\cdots,J$；$k=1,\cdots,K$。根据第 i 个地区第 j 种单位类型第 w 档工资的加权人均绩效增资测算方法、第 i 个地区第 j 种单位类型的加权人均绩效增资测算方法、第 i 个地区的加权人均绩效增资测算方法和所有地区的加权人均绩效增资测算方法共四个层面，相关系数所涉及的年人均绩效工资和增长率的样本范围也不同。在计算上述四个层面的相关系数时要注意分别选择相应的样本范围。具体来说，在计算第 i 个地区第 j 种单位类型第 w 档工资的人均绩效增资情况时，相关系数（记为 C_{ij}^{w}）所涉及的样本仅为第 i 个地区第 j 种单位类型第 w 档工资的单位；在计算第 i 个地区第 j 种单位类型的人均绩效增资情况时，相关系数（记为 C_{ij}）所涉及的样本仅为第 i 个地区第 j 种单位类型的单位；在计算第 i 个地区的人均绩效增资情况时，相关系数（记为 C_i）所涉及的样本仅为第 i 个地区的单位；在计算所有地区的人均绩效增资情况时，相关系数（记为 C）所涉及的样本为所有单位。

根据统计学对相关系数的定义，当相关系数的绝对值大于等于 0.8 时定义为高度相关，大于等于 0.5 且小于 0.8 时定义为中度相关。根据年人均绩效工资的实际情况，年人均绩效工资水平和增长率间很少会出现中强度负向相关，因此本节针对年人均绩效工资水平与增长率间相关系数大于等于 0.5 的情况，进行人均绩效增资的修正。在提出基于相关系数修正的加权平均思想之前，先定义不同层面下的基于相关系数的修正因子（adjustment factor，AF），具体见表 3.11。

表 3.11 不同层面下基于相关系数的修正因子

层面	修正因子表达式	符号	修正条件
第 i 个地区第 j 种单位类型第 w 档工资	$0.9 - (C_{ij}^{w} - 0.5)/2$	AF_{ij}^{w}	仅当 $C_{ij}^{w} \geq 0.5$ 时修正
第 i 个地区第 j 种单位类型	$0.9 - (C_{ij} - 0.5)/2$	AF_{ij}	仅当 $C_{ij} \geq 0.5$ 时修正
第 i 个地区	$0.9 - (C_i - 0.5)/2$	AF_i	仅当 $C_i \geq 0.5$ 时修正
所有地区	$0.9 - (C - 0.5)/2$	AF	仅当 $C \geq 0.5$ 时修正

基于表 3.11 给出的修正因子，即可推导出基于相关系数修正后的加权平均思想的人均绩效增资测算方法，具体见表 3.12。

表 3.12 基于相关系数修正后的加权平均思想的人均绩效增资测算方法

层面	目标	模型形式	适用条件
第 i 个地区第 j 种单位类型第 w 档工资	增资总量	$\sum\limits_{k=1}^{K} AF_{ij}^{w} \times \overline{\Delta}_{ijk} \times I\{\mathcal{S}_{ijk} \in ((w-1) \times A \times \mathcal{DS}_i, w \times A \times \mathcal{DS}_i]\}$	$C_{ij}^{w} \geq 0.5$
	人均增资	$\dfrac{\sum\limits_{k=1}^{K} AF_{ij}^{w} \times \overline{\Delta}_{ijk} \times I\{\mathcal{S}_{ijk} \in ((w-1) \times A \times \mathcal{DS}_i, w \times A \times \mathcal{DS}_i]\}}{\sum\limits_{k=1}^{K} \mathcal{P}_{ijk} \times I\{\mathcal{S}_{ijk} \in ((w-1) \times A \times \mathcal{DS}_i, w \times A \times \mathcal{DS}_i]\}}$	

层面	目标	模型形式	适用条件
第 i 个地区 第 j 种单位 类型	增资总量	$\sum\limits_{k=1}^{K} AF_{ij} \times \overline{\triangle}_{ijk}$	$C_{ij} \geq 0.5$
	人均增资	$\dfrac{\sum\limits_{k=1}^{K} AF_{ij} \times \overline{\triangle}_{ijk}}{\sum\limits_{k=1}^{K} P_{ijk}} = \sum\limits_{k=1}^{K} AF_{ij} \times \dfrac{P_{ijk}}{\sum\limits_{k=1}^{K} P_{ijk}} \times S_{ijk} \times GR_{ijk}^{*}$	
第 i 个地区	增资总量	$\sum\limits_{j=1}^{J} \sum\limits_{k=1}^{K} AF_i \times \overline{\triangle}_{ijk}$	$C_i \geq 0.5$
	人均增资	$\dfrac{\sum\limits_{j=1}^{J} \sum\limits_{k=1}^{K} AF_i \times \overline{\triangle}_{ijk}}{\sum\limits_{j=1}^{J} \sum\limits_{k=1}^{K} P_{ijk}} = \dfrac{\sum\limits_{j=1}^{J} \sum\limits_{k=1}^{K} AF_i \times P_{ijk} \times S_{ijk} \times GR_{ijk}^{*}}{\sum\limits_{j=1}^{J} \sum\limits_{k=1}^{K} P_{ijk}}$	
所有地区	增资总量	$\sum\limits_{i=1}^{I} \sum\limits_{j=1}^{J} \sum\limits_{k=1}^{K} AF \times \overline{\triangle}_{ijk}$	$C \geq 0.5$
	人均增资	$\dfrac{\sum\limits_{i=1}^{I} \sum\limits_{j=1}^{J} \sum\limits_{k=1}^{K} AF \times \overline{\triangle}_{ijk}}{\sum\limits_{i=1}^{I} \sum\limits_{j=1}^{J} \sum\limits_{k=1}^{K} P_{ijk}} = \dfrac{\sum\limits_{i=1}^{I} \sum\limits_{j=1}^{J} \sum\limits_{k=1}^{K} AF \times P_{ijk} \times S_{ijk} \times GR_{ijk}^{*}}{\sum\limits_{i=1}^{I} \sum\limits_{j=1}^{J} \sum\limits_{k=1}^{K} P_{ijk}}$	

　　无论是从理论层面还是实操角度，全国人均绩效增资测算完成后，均需要对总量进行核定，并向政府职能部门或主管部门申报，才能进入具体落地实操阶段。比如，对于是否超出财政预算、是否在正常增长绩效工资时符合政策要求、是否会引起同类行业攀比等，均需要加以综合考虑。面对当前部分单位在绩效工资增长方面所遇到的瓶颈，收入分配总量备案制成为相关单位收入分配制度改革的一种新尝试。

　　通俗地说，收入分配总量备案制是指在收入分配总量核定方面，相关部门向政府职能部门或主管部门报告事由，存案以备考察，从而在政府职能部门或主管部门与相关单位之间达成一种“契约”关系，实行备案管理。相关部门在向政府职能部门或主管部门报告相关事项时，应注意绩效增资的依据足够充分、相关事项材料足够扎实等诸多方面。其中，不可缺少的就是通过统计模型为人均绩效增资测算提供科学的方法与工具。

3.4.3　模拟分析与讨论

我国 34 个省级行政区和新疆生产建设兵团在东、中、西、东北地区的数量及分布特点为：东部地区包括北京、天津、上海、河北、山东、江苏、浙江、福建、台湾、广东、香港、澳门、海南共 13 个，中部地区包括山西、河南、湖北、安徽、湖南、江西共 6 个，西部地区包括内蒙古、新疆、新疆生产建设兵团、宁夏、陕西、甘肃、青海、重庆、四川、西藏、广西、贵州、云南共 13 个，东北地区包括黑龙江、吉林、辽宁共 3 个。结合实际情况，本节按 4 个地区分别生成体现不同年人均绩效工资水平的样本数据。假设每个地区存在 3 种单位类型，将每种单位类型下年人均绩效工资水平划分为 2 档，总样本量为 420。具体样本量分配方法如下所示（为方便后续表述，将 4 个地区分别命名为 A 地、B 地、C 地和 D 地）。

步骤 1. 根据我国 34 个省级行政区和新疆生产建设兵团在 4 个地区的实际数量，计算各地区样本分配量。A 地、B 地、C 地和 D 地这 4 个地区样本量分别为 156、72、156、36。

步骤 2. 按照 4 个地区每个地区包含 3 种单位类型的标准，等量分配该地区样本量。A 地的 3 种单位类型的样本量均为 52，B 地的 3 种单位类型的样本量均为 24，C 地的 3 种单位类型的样本量均为 52，D 地的 3 种单位类型的样本量均为 12。

步骤 3. 按照每个单位类型下年人均绩效工资水平分 2 档的标准，等量分配该单位类型下的样本量。A 地的每种单位类型的每个档位的单位数量均为 26，B 地的每种单位类型的每个档位的单位数量均为 12，C 地的每种单位类型的每个档位的单位数量均为 26，D 地的每种单位类型的每个档位的单位数量均为 6。

步骤 4. 按照每个档位下各种单位类型进行等量分配。A 地的每种单位类型的每个档位的单位数量均为 26，B 地的每种单位类型的每个档位的单位数量均为 12，C 地的每种单位类型的每个档位的单位数量均为 26，D 地的每种单位类型的每个档位的单位数量均为 6。

基于上述样本量分配方法，模拟数据的生成机制为：①生成样本量为 78，服从均值为 35、方差为 5 的正态分布，作为 A 地年人均绩效工资水平第 1 档的每家单位的年人均绩效工资（单位：万元）。②生成样本量为 78，服从均值为30、方差为5的正态分布，作为A地年人均绩效工资水平第2档的每家单位的年人均绩效工资（单位：万元）。③生成样本量为36，服从均值为25、方差为3的正态分布，作为B地年人均绩效工资水平第1档的每家单位的年人均绩效工资（单位：万元）。④生成样本量为36，服从均值为20、方差为3的正态分布，作为B地年人均绩效工资水平第2档的每家单位的年人均绩效工资（单位：万元）。⑤生成样本量为78，服从均值为15、方差为1的正态分布，作为C地年人均绩效工资水平第1档的每家单位的年人均绩效工资（单位：万元）。⑥生成样本量为78，服从均值为10、方差为1的正态分布，作为C地年人均绩效工资水平第2档的每家单位的年人均绩效工资（单位：万元）。⑦生成样本量为18，服从均值为8、方差为1的正态分布，作为D地年人均绩效工资水平第1档的每家单位的年人均绩效工资（单位：万元）。⑧生成样本量为18，服从均值为5、方差为1的正态分布，作为D地年人均绩效工资水平第2档的每家单位的年人均绩效工资（单位：万元）。

生成服从上述分布的数据后，再将每种分布下的数据等量分配给3种单位类型。上述过程见表3.13。关于增长率，设定两个方案：方案1是第1档增长率设为4%，第2档增长率设为5%。方案2是将增长率分别设定为4%、4.5%、5%、5.5%、6%、6.5%、7%和7.5%。每家单位的年平均人数服从均值为1、方差为0.5的正态分布（单位：万人），生成数据若出现负数，取绝对值。样本量共计420。

表3.13　　　　　　　　　模拟数据生成机制

地区	分档	数据分布	样本量	样本量分配方法	增长率 1	增长率 2	各单位数量
A地	1	N(35,5)	78	随机等量分配给3种单位类型	4%	7%	N(1,0.5) 样本量为420
A地	2	N(30,5)	78	随机等量分配给3种单位类型	5%	7.5%	
B地	1	N(25,3)	36	随机等量分配给3种单位类型	4%	6%	
B地	2	N(20,3)	36	随机等量分配给3种单位类型	5%	6.5%	
C地	1	N(15,1)	78	随机等量分配给3种单位类型	4%	5%	
C地	2	N(10,1)	78	随机等量分配给3种单位类型	5%	5.5%	
D地	1	N(8,1)	18	随机等量分配给3种单位类型	4%	4%	
D地	2	N(5,1)	18	随机等量分配给3种单位类型	5%	4.5%	

经过初步计算所有年人均绩效工资水平数据和增长率数据之间的相关系数可得：（1）当增长率取方案 1 时，相关系数为 -0.225，小于 0.5。从所有地区相关系数角度来看，不属于修正后的加权平均测算法的适用范畴。综合考虑，仅通过简单平均测算法和加权平均测算法测算增长率取方案 1 的情况即可。（2）当增长率取方案 2 时，相关系数为 0.873，属于修正后的加权平均测算法的适用范畴，因此通过简单平均测算法、加权平均测算法和修正后的加权平均测算法进行测算即可。表 3.14 和表 3.15 分别展示出基于简单平均测算法以及加权平均测算法的人均绩效增资测算结果。

表 3.14　　　　　基于简单平均测算法的人均绩效增资测算结果　　　单位：万元

分类	A		B		C		D		所有地区	
	1	2	1	2	1	2	1	2	1	2
类型 1 档位 1	1.3758	2.4077	0.9864	1.4796	0.5832	0.7290	0.3112	0.3112	0.9234	1.4454
类型 1 档位 2	1.4975	2.2463	0.9756	1.2683	0.5098	0.5608	0.2540	0.2286	0.9346	1.2796
单位类型 1	1.4367	2.3270	0.9810	1.3739	0.5465	0.6449	0.2826	0.2699	0.9290	1.3625
类型 2 档位 1	1.3982	2.4468	0.9957	1.4936	0.6117	0.7647	0.3375	0.3375	0.9462	1.4778
类型 2 档位 2	1.4930	2.2395	0.9915	1.2890	0.4951	0.5446	0.2055	0.1849	0.9260	1.2709
单位类型 2	1.4456	2.3431	0.9936	1.3913	0.5534	0.6546	0.2715	0.2612	0.9361	1.3744
类型 3 档位 1	1.3688	2.3954	1.0167	1.5250	0.5815	0.7269	0.3029	0.3029	0.9247	1.4471
类型 3 档位 2	1.5308	2.2961	0.9986	1.2982	0.5047	0.5551	0.2639	0.2375	0.9498	1.3019
单位类型 3	1.4498	2.3458	1.0076	1.4116	0.5431	0.6410	0.2834	0.2702	0.9372	1.3745
该地所有单位	1.4440	2.3386	0.9941	1.3923	0.5477	0.6468	0.4389	0.2671	0.9341	1.3705

表 3.15　　　　　基于加权平均测算法的人均绩效增资测算结果　　　单位：万元

分类	A		B		C		D		所有地区	
	1	2	1	2	1	2	1	2	1	2
类型 1 档位 1	1.3694	2.3964	0.9938	1.4907	0.5855	0.7318	0.3161	0.3161	0.8685	1.3306
类型 1 档位 2	1.4775	2.2163	0.9603	1.2484	0.5135	0.5648	0.2389	0.2150	0.9465	1.3049
单位类型 1	1.4339	2.2890	0.9764	1.3650	0.5509	0.6517	0.2765	0.2642	0.9099	1.4473
类型 2 档位 1	1.4069	2.4621	1.0038	1.5056	0.6169	0.7711	0.3455	0.3455	0.9155	1.4129
类型 2 档位 2	1.5040	2.2559	1.0051	1.3066	0.4984	0.5483	0.2163	0.1947	0.9094	1.2443
单位类型 2	1.4544	2.3612	1.0043	1.4162	0.5611	0.6661	0.2879	0.2783	0.9126	1.4610

分类	A		B		C		D		所有地区	
	1	2	1	2	1	2	1	2	1	2
类型 3 档位 1	1.3692	2.3961	1.0146	1.5219	0.5721	0.7151	0.3085	0.3085	0.8946	1.3861
类型 3 档位 2	1.5337	2.3005	0.9960	1.2949	0.5084	0.5593	0.2464	0.2218	0.9085	1.2364
单位类型 3	1.4562	2.3456	1.0060	1.4173	0.5385	0.6327	0.2750	0.2617	0.9018	1.4510
该地所有单位	1.4483	2.3324	0.9959	1.4000	0.5500	0.6499	0.2798	0.2681	0.9080	1.4532

为了比较分别使用两种不同模型时测算结果即表 3.14 和表 3.15 的差异，现对两个测算模型的结果对应相减（基于简单平均测算法的人均绩效增资测算结果减去基于加权平均测算法的人均绩效增资测算结果），即可得到表 3.16 所示的结果。

表 3.16　　　　基于简单平均测算法和加权平均测算法的人均绩效增资

测算结果比较　　　　　　　　　单位：万元

分类	A		B		C		D		所有地区	
	1	2	1	2	1	2	1	2	1	2
类型 1 档位 1	0.0064	0.0113	−0.0074	−0.0111	−0.0023	−0.0028	−0.0049	−0.0049	*0.0549* *	*0.1148* *
类型 1 档位 2	0.0200	0.0300	0.0153	0.0199	−0.0037	−0.0040	0.0151	0.0136	−0.0119	−0.0253
单位类型 1	0.0028	0.0380	0.0046	0.0089	−0.0044	−0.0068	0.0061	0.0057	0.0191	*−0.0848* *
类型 2 档位 1	−0.0087	−0.0153	−0.0081	−0.0120	−0.0052	−0.0064	−0.0080	−0.0080	0.0307	0.0649 *
类型 2 档位 2	−0.0110	−0.0164	−0.0136	−0.0176	−0.0033	−0.0037	−0.0108	−0.0098	0.0166	0.0266
单位类型 2	−0.0088	−0.0181	−0.0107	−0.0249	−0.0077	−0.0115	−0.0164	−0.0171	0.0235	*−0.0866* *
类型 3 档位 1	−0.0004	−0.0007	0.0021	0.0031	0.0094	0.0118	−0.0056	−0.0056	0.0301	*0.0610* *
类型 3 档位 2	−0.0029	−0.0044	0.0026	0.0033	−0.0037	−0.0042	0.0175	0.0157	0.0413	*0.0655* *
单位类型 3	−0.0064	0.0002	0.0016	−0.0057	0.0046	0.0083	0.0084	0.0085	0.0354	*−0.0765* *
该地所有单位	−0.0043	0.0062	−0.0018	−0.0077	−0.0023	−0.0031	*0.1591* *	−0.0010	0.0261	*−0.0827* *

注：右上角带 "＊" 的数据表示两种模型测算结果相对较大的情况，即大于 0.05。

经过比较不难发现，基于简单平均测算法的人均绩效增资测算结果和基于加权平均测算法的人均绩效增资测算结果相差非常小，除少数情况外，绝大部分测算结果仅相差不足 0.05。从模型复杂度来看，纳入人数后的加权平均测算法在计算方面较为复杂，运算成本相对较高。

下面对增长率取方案 2 时的情况进行测算。需要说明的是，在计算第 i 个地区第 j 种单位类型第 w 档工资的人均绩效增资情况时，考虑到同一档位内的增长率不变，因此这种情况下的相关系数（C_{ij}^w）理论上接近于 0，不进行计算，后面在修正加权平均测算法时，这个层面不进行修正，那么涉及不同档位的测算结果不发生变化。其他需要更新测算的相关系数（统一用 C 表示）及相应的修正因子（统一用 AF 表示）见表 3.17。

表 3.17　　　　　　　　相关系数及相应的修正因子计算结果

类型	A		B		C		D		所有地区	
	C	AF	C	AF	C	AF	C	AF	C	AF
单位类型 1	− 0. 6750	1. 0000	− 0. 8061	1. 0000	− 0. 8796	1. 0000	− 0. 7826	1. 0000	0. 8744	0. 7128
单位类型 2	− 0. 7532	1. 0000	− 0. 8582	1. 0000	− 0. 9289	1. 0000	− 0. 9092	1. 0000	0. 8630	0. 7185
单位类型 3	− 0. 5942	1. 0000	− 0. 8253	1. 0000	− 0. 9230	1. 0000	− 0. 8478	1. 0000	0. 8824	0. 7088
该地所有单位	− 0. 6759	1. 0000	− 0. 8256	1. 0000	− 0. 9073	1. 0000	− 0. 8310	1. 0000	0. 8732	0. 7134

根据模拟数据的实际情况可知，当从所有地区角度出发时，才需要采用修正后的加权平均测算法，进行重新计算。对于单位类型为 1 的所有单位，相关系数为 0.8744，修正因子为 0.7128；对于单位类型为 2 的所有单位，相关系数为 0.8630，修正因子为 0.7185；对于单位类型为 3 的所有单位，相关系数为 0.8824，修正因子为 0.7088；对于单位类型为 4 的所有单位，相关系数为 0.8732，修正因子为 0.7134。采用修正后的加权平均测算法测算后的结果见表 3.18。不难发现，只有从单位类型角度出发的测算结果发生变化（见"所有地区"列），年人均绩效增资情况均有所回落。

表 3.18　　　基于修正后的加权平均测算法的人均绩效增资测算结果

类型	A		B		C		D		所有地区	
	前	后	前	后	前	后	前	后	前	后
单位类型 1	2. 2890	2. 2890	1. 3650	1. 3650	0. 6517	0. 6517	0. 2642	0. 2642	1. 4473	1. 0316
单位类型 2	2. 3612	2. 3612	1. 4162	1. 4162	0. 6661	0. 6661	0. 2783	0. 2783	1. 4610	1. 0497
单位类型 3	2. 3456	2. 3456	1. 4173	1. 4173	0. 6327	0. 6327	0. 2617	0. 2617	1. 4510	1. 0285
该地所有单位	2. 3324	2. 3324	1. 4000	1. 4000	0. 6499	0. 6499	0. 2681	0. 2681	1. 4532	1. 0367

通过模拟数据研究发现，简单平均测算法的测算结果与加权平均测算法的测算结果相差不大。但是，从现实角度来看，年人均绩效增资在按人数进行加总时，也会形成较为可观的经济支出。因此，在实际层面进行操作时，可综合比较、结合实际情况进行选择。尤其是在以职工规模（人数）为关键因素的情形下，需要重点考虑基于加权平均思想的测算统计模型。在现实生产生活中，年人均绩效工资增长率的选择往往会受到所在地经济发展情况、物价消费水平等因素的影响，当年人均绩效工资水平与增长率之间存在中高度相关关系时，修正后的加权平均测算法将在缓解年人均绩效工资水平越高增长幅度越大的问题方面发挥作用。通过模拟研究发现，与加权平均测算法的测算结果相比，采用修正后的加权平均测算法会造成部分年人均绩效增资情况有所回落。

绩效工资关系广大职工切身利益，是国家发展、社会稳定的重要基础和根本保障。推动与经济社会发展相适应的工资制度改革，可以从以下三个方面持续发力。

一是做好绩效工资制度分类设计。充分考虑国民生产总值、物价消费水平、城镇居民人均可支配收入等因素，兼顾不确定因素，建立体现不同行业特征、符合不同单位类型特点的分级分类绩效工资分配机制。针对身处不同工作环境、享有不同配套资源的职工，分别建立体现工作价值、业绩贡献的工资制度细则和激励机制。

二是提倡部分单位先行、广大职工优绩优待。选择一批具有代表性的单位优先进入绩效工资制度改革范畴。扩大内部分配自主权，鼓励其大胆探索形式多样的薪酬制度，及时总结改革经验，发挥试点带动与辐射效应。对不同类型职工分别予以单列。根据实际突出业绩和重大贡献制定相配套的绩效工资薪酬制度，单独列出绩效奖励核定办法，建立绩效工资发放"绿色通道"，营造积极向上、优绩优待、业绩贡献与绩效工资收入相匹配、广大职工备受尊重的良好生态。

三是建立具有国际竞争优势的绩效工资制度。结合我国经济社会发展现状，借鉴国际绩效工资制度通行做法，参考国际绩效工资水平，推行既具有中国国情特色又与国际接轨的先进绩效工资制度体系。夯实绩效工资制度改革工作，深耕绩效工资制度政策研究，提出具有国际一流水平的中国式绩效工资制度体系和绩效工资制度改革范式。

3.5　思考与练习

1. 高维数据进行降维处理时，对回归模型加入惩罚项可以实现变量选择。请问基本原理是什么？
2. 请总结带结构关系的影响因素评估方法的基本原理。
3. 分位数和复合分位数回归存在哪些异同？
4. 绩效工资是科技人才的重要影响因素，如何根据总体数据的统计特征生成模拟数据？
5. 科技人才影响因素主要包括哪些方面？主要考虑依据是什么？
6. 词频分析的关键操作步骤是什么？请考虑是否可以在词频分析基础上，进行归纳形成有关主题或话题。

3.6　延展性阅读

青年高技能人才应优绩优待*

青年高技能人才是我国人才队伍的重要组成部分，是技术工人队伍中最具朝气和潜力的核心骨干，在加快产业优化升级、提高企业竞争力、推动技术创新和科技成果转化等方面具有不可替代的重要作用。

改革开放以来，我国高技能人才工作取得了显著成绩，青年人才队伍不断壮大。中共中央、国务院相继出台《关于进一步加强人才工作的决定》《关于实施科技规划纲要增强自主创新能力的决定》《关于进一步加强高技能人才工作的意见》《关于提高技术工人待遇的意见》系列政策文件，对激发青年高技

---

* 程豪. 青年高技能人才应优绩优待［N］. 重庆科技报，2022 - 09 - 01（08）.

能人才创新创造活力、培养宏大的青年高技能人才队伍提供良好政策生态，也为未来深入落实青年高技能人才"重实绩、重贡献"、提高青年高技能人才待遇水平提供有力依据。

青年高技能人才待遇改善面临诸多挑战

调研发现，我国青年高技能人才待遇的改善主要面临三方面的挑战。

一是保障和提高青年高技能人才待遇的制度体系还不够完善。当前，我国薪酬制度整体存在"平均主义"等特点，尚未系统形成体现青年高技能人才特点和价值的薪酬待遇保障激励机制。普遍存在青年高技能人才工作强度大、难度高，但薪酬待遇与实际业绩不完全匹配，工作成绩落不到自己头上的窘境。缺乏与青年高技能人才优绩优待相配套的政策文件和制度体系，部分行业在改善青年高技能人才薪酬水平和福利待遇时缺乏相关制度依据。

二是青年高技能人才业绩评价方面缺乏弹性空间和长远眼光。对于完成相同工作任务、取得突出业绩的青年高技能人才，薪酬待遇制度未充分考虑不同行业、单位间工作环境、配套资源等方面相对差距，尚未设置弹性激励机制。在评价青年高技能人才完成的业绩成果时，部分评价导向未能从长远战略眼光，判断其在未来工作中可能发挥的重要价值，乃至方法学指导意义。对于创新创造力最为活跃的青年高技能人才来说，在业绩评价方面的倾斜力度有待进一步加大。

三是青年高技能人才待遇改善的落实工作不到位。部分单位相关主管部门对科研经费管理和薪酬待遇制度的理解与探索不足，导致青年高技能人才在投身业务工作、攻坚克难的同时，花费大量时间和精力陷入烦琐、不必要的经费管理和使用等事务性工作中。现有的科研经费管理和薪酬待遇制度在贯彻落实过程中未能充分发挥保障激励作用。此外，部分单位主管部门未积极探索优化内部分配、增加实发绩效的薪酬分配机制，使得相关政策在具体落实过程中未起到应有效果。

推进青年高技能人才优绩优待需从四方面持续发力

新形势下，青年高技能人才优绩优待尚大有可为，具体可以从以下四方面持续发力。

一是探索建立青年高技能人才福利待遇分配制度。针对青年高技能人才群体的特点，落实中央财政科研项目资金管理等政策，建立基于岗位价值、能力素质、业绩贡献的福利待遇分配制度，强化福利待遇分配的技能价值激励导向。围绕青年高技能人才在购（租）住房、安家补贴、子女接受义务教育等方面的具体需求，制定间接费用统筹使用内部管理办法，研究福利待遇的内部分配方式，鼓励实行灵活多样的福利待遇分配制度。对于工作业绩突出、生活负担较大的青年高技能领军人才，可参考高层次人才有关政策，单独实施福利待遇分配方案，并列支经费提高福利待遇水平。

二是推动建立青年高技能人才工资正常增长机制。中共中央办公厅、国务院办公厅印发的《关于提高技术工人待遇的意见》指出，建立企业技术工人工资正常增长机制。青年高技能人才正处于人生的起步阶段，面临社会地位偏低、工资水平不高、生活困难较多等来自不同方面的压力。在这种情况下，要想让青年高技能人才群体挣得一份体面的收入，就必须推动建立反映劳动力市场供求关系和经济效益的工资决定及正常增长机制，引导青年高技能人才在"重实绩、重贡献"的同时，实现工资水平的科学合理增长。尤其要向工作业绩突出的青年高技能人才倾斜，确保该群体人均工资增幅不低于本单位其他人员的人均工资增幅。

三是建立健全青年高技能人才待遇长效激励机制。健全劳动、资本、土地、知识、技术、管理和数据等生产要素按贡献参与分配的机制，制定青年高技能人才技能要素和创新成果按贡献参与分配的办法，推动青年高技能人才享受促进科技成果转化的有关政策。探索实行创新成果入股、岗位分红等激励方式，长期稳定提高青年高技能人才的收入水平。以政府激励为导向、企业奖励为主体、社会奖励为辅助，统筹财政拨款、企业支出和社会赞助等多种渠道的经费来源，保证青年高技能人才持续稳定地获得激励。

四是着力打造青年高技能人才优绩优待创新高地。自国家高技能人才振兴计划实施以来，高技能人才队伍建设和发展迅速。中国高技能人才队伍建设成效显著、人员数量规模宏大。其中，青年高技能人才作为最具朝气和活力的主力军，将在中国制造建设中发挥重要作用。通过打造青年高技能人才优绩优待的大环境，吸引、留住天下英才，才能推动建设世界重要人才中心和创新高地，形成天下英才聚神州、万类霜天竞自由的全球创新高地。

第 4 章

科技人才职业发展多结局指标综合评价

4.1 研究背景与意义

科技人才是国家科技发展的关键因素，建立良好的科研生态系统需要优秀合适的人才作为基础。一方面国家的社会经济科技发展需要科技人才的不断创造与奉献；另一方面及时问需、问策、问效于科技人才，切实关心科技人才在职业发展过程中的满意程度和真实需求，有助于党中央和国务院把握科技人才的整体状况、深化科技管理和人才发展体制机制改革。

目前，已存在各种形式的社会调查、科研项目，产生反映科技人才职业满意度不同维度和方面的指标数据。尤其是随着科技的发展以及各种测量设备效率的提升，科技人才职业满意度指标数量越来越多，不同指标的含义可能出现重叠。面对这些问题和挑战，科技人才职业满意度指标需要先经过筛选，得到少数且全面反映科技人才职业满意度状况不同维度的指标。然后，通过客观赋权的方式，对筛选所得的指标体系构建综合评价模型，这对完成测评工作具有重大意义。

综上所述，我国科技人才职业满意度指标筛选和测评，不仅及时反映科技人才在职业方面的意见和呼声，解决他们遇到的实际困难和问题，而且有助于为长期跟踪研究我国科技人才职业满意度状况及变化规律提供一定的方法和工具。

4.2　多结局指标标准化处理与统计描述

4.2.1　常见的标准化处理方法

无量纲化处理的主要目的是消除指标因属性、单位不同而在数量级上表现出的较大差距。一种常用的无量纲化处理方法为：

$$T_{nm} = [I_{nm} - \text{mean}(I_{nm})] / \text{std}(I_{nm}) \tag{4.1}$$

其中，T_{nm}表示第 n 个二级指标下标准化处理后的第 m 个三级指标，I_{nm}表示第 n 个二级指标下标准化处理前的第 m 个三级指标，$\text{mean}(I_{nm})$表示三级指标的均值，$\text{std}(I_{nm})$表示三级指标的标准差。另一种常用的无量纲化处理方法为：

$$T_{nm} = [I_{nm} - \text{min}(I_{nm})] / [\text{max}(I_{nm}) - \text{min}(I_{nm})] \tag{4.2}$$

其中，T_{nm}表示第 n 个二级指标下标准化处理后的第 m 个三级指标，I_{nm}表示第 n 个二级指标下标准化处理前的第 m 个三级指标，$\text{min}(I_{nm})$表示三级指标的最小值，$\text{max}(I_{nm})$表示三级指标的最大值。

4.2.2　数值型指标的统计描述

数据的集中水平：使用某个指标代表数据的集中趋势，常见的指标有平均数、中位数与众数。

（1）平均数：即用加总变量的取值除以变量的个数，反映了数据集中水平。例如，使用人均 GDP 体现某国家或地区的人民生活水平。

（2）中位数/四分位数/百分位数：先将数据从小到大排列，再选取位于中间位置的数字作为数据的集中水平，这个数字就是中位数。当选取其他位置时，如 1/4 水平与 3/4 水平位置时，就变成了四分位数。与之类似的还有百分位数。

中位数使用了数据的次序信息而非取值，这是其与均值的不同之处，而某些时候中位数比均值更能反映数据的集中水平，后面会有详细说明。上述两种指标对于连续变量都有实际意义，但对于分类变量则毫无意义，例如性别的平均数或中位数难以展现数据集中水平，而众数能够很好地体现分类变量的数据集中水平。

（3）众数：即数据中出现次数最多的值，在分类变量中即出现次数最多的一类数据，当然对于连续型变量也能够计算众数，但其反映的集中效果没有均值与中位数好。

当数据分布对称时，三者数值大小是一致的，在这种情况下三者都可以很好地反映数据的集中趋势，但是当数据不对称时，三者会有明显区别，描述数据集中水平的能力也会有所差异。例如，收入是一个典型的右偏分布的变量，高收入的人数量极少，但收入极高，这样就会影响数据的分布拉偏，平均值就会被取得极大收入的人拉高，此时中位数更能反映数据的集中趋势。实际上，很多国家在描述收入的集中趋势时使用的正是收入的中位数，而非平均数。

4.2.3 不同类相关关系测度方法

相关系数是根据数据计算的度量两个变量之间关系强弱的统计量，取值范围是 $[-1,1]$。这里的数据可以是样本数据，也可以是总体数据。实际中，我们讨论的是基于样本数据的相关系数。根据变量类型的不同，相关系数主要分为 Pearson 相关系数、Spearman 相关系数和 Kendall 相关系数三类。此外，当讨论多个变量间相关系数时，通常采用的方法包括复相关系数和典型相关分析中的相关系数。当存在多个变量，且要研究两个连续变量间关系时，通常采用偏相关系数。

（1）Pearson 相关系数。对于连续变量 X 和 Y，有：

$$
\begin{aligned}
\rho_{\text{Pearson}} &= \frac{\text{cov}(X,Y)}{\sqrt{\text{var}(X)}\ \sqrt{\text{var}(Y)}} \\
&= \frac{\sum_{i=1}^{n}(x_i - E(X))(y_i - E(Y))}{\sqrt{\sum_{i=1}^{n}(x_i - E(X))^2}\sqrt{\sum_{i=1}^{n}(y_i - E(Y))^2}} \\
&= \frac{n\sum_{i=1}^{n}x_i y_i - \sum_{i=1}^{n}x_i \sum_{i=1}^{n}y_i}{\sqrt{n\sum_{i=1}^{n}x_i^2 - \left(\sum_{i=1}^{n}x_i\right)^2}\sqrt{n\sum_{i=1}^{n}y_i^2 - \left(\sum_{i=1}^{n}y_i\right)^2}}
\end{aligned}
\tag{4.3}
$$

其中，cov(X，Y) 表示 X 和 Y 的协方差，E(∗) 表示期望，var(∗) 表示方差。

（2）Kendall 相关系数。对于有序变量 X 和 Y，需要先给出如下定义：$\forall i, j = 1, \cdots, n, x_i > x_j 且 y_i > y_j$，或 $x_i < x_j 且 y_i < y_j$ 被称为 (x_i, y_i) 和 (x_j, y_j) 是一致的；$x_i > x_j 且 y_i < y_j$，或 $x_i < x_j 且 y_i > y_j$ 被称为 (x_i, y_i) 和 (x_j, y_j) 是不一致的；$x_i = x_j 且 y_i = y_j$ 被称为 (x_i, y_i) 和 (x_j, y_j) 既不是一致的也不是不一致的。具体地，Kendall 相关系数有三种计算公式。

假设随机变量 X 自身的每个元素取值都唯一，Y 自身的每个元素取值也唯一。即 X 中每个元素的取值都不同，Y 中每个元素的取值都不同。注意，这里说的并不是 X 和 Y 两者之间没有相同的元素。

$$\rho_{Kendall1} = \frac{2(C - D)}{n(n - 1)} \tag{4.4}$$

其中，C 表示 X 和 Y 中拥有一致性的元素对数（两个元素为一对）；D 表示 X 和 Y 中拥有不一致性的元素对数。

假设随机变量 X 或 Y 中存在相同元素。

$$\rho_{Kendall2} = \frac{2(C - D)}{\sqrt{\left[n(n - 1) - \sum_{i=1}^{s} U_i(U_i - 1)\right]\left[n(n - 1) - \sum_{i=1}^{t} V_i(V_i - 1)\right]}} \tag{4.5}$$

其中，C 表示 X 和 Y 中拥有一致性的元素对数（两个元素为一对）；D 表示 X 和 Y 中拥有不一致性的元素对数；s 表示 X 中重复出现的元素种数，也可以理解为将 X 中的相同元素分别组合成小集合后，X 中拥有的小集合数；t 表示 Y 中重复出现的元素种数，也可以理解为将 Y 中的相同元素分别组合成小集合后，Y 中拥有的小集合数；U_i 表示将 X 中的相同元素分别组合成小集合后，第 i 个小集合所包含的元素数；V_i 表示将 Y 中的相同元素分别组合成小集合后，第 i 个小集合所包含的元素数。比如，X = (1, 2, 3, 4, 3, 3, 2)，这里只有 2 和 3 出现相同元素，因此 s 为 2。

当随机变量 X 和 Y 通过表格表示时，采用该计算公式，且不用考虑 X 或

Y 中是否存在相同元素。

$$\rho_{Kendall3} = \frac{2M(C-D)}{n^2(M-1)} \tag{4.6}$$

其中，C 表示 X 和 Y 中拥有一致性的元素对数（两个元素为一对）；D 表示 X 和 Y 中拥有不一致性的元素对数；M 表示表格中行数与列数中较小的一个。需要说明的是：式（4.5）也可以用于计算由表格形式表示的 X 和 Y 的 Kendall 相关系数，有研究者讨论到，式（4.5）一般用来计算由正方形表格表示的 X 和 Y 的 Kendall 相关系数，式（4.6）则只是用于计算由长方形表格表示的 X 和 Y 的 Kendall 相关系数。

（3）Spearman 相关系数：对于有序变量 X 和 Y，或者其中一个是连续变量，另一个是有序变量，可以利用该相关系数，通常也被称为 Spearman 秩相关系数。由于该相关系数关注的是数据的"秩"，即根据原始数据的排序位置进行求解，因此，计算公式可以不用考虑 Pearson 相关系数的限制条件。可以通过下式，简化计算过程。

$$\rho_{Spearman} = 1 - \frac{6\sum_{i=1}^{n} d_i^2}{n(n^2-1)} \tag{4.7}$$

其中，d_i 表示 x_i 的秩和 y_i 的秩之差，n 表示样本量。比如，X = (5,2,3) 和 Y = (4,8,7)，对 X 和 Y 分别取秩，并将结果记为 X' 和 Y'。则有 $X' = (3,1,2)$ 和 $Y' = (1,3,2)$，即 $d_1 = 3-1 = 2$，$d_2 = 1-3 = -2$，$d_3 = 2-2 = 0$。

（4）复相关系数：当需要测量一个变量 y_1 与其他向量变量 Y_2 之间的相关关系［且（y_1，Y_2）服从正态分布］时，无法直接进行计算，因此需要考虑构造一个关于 Y_2 的线性组合 $\beta^T \times Y_2$。比如，用 y_1 对 Y_2 作回归即可得到 Y_2 的线性组合 $\beta^T \times Y_2$。复相关系数的计算公式为：

$$\rho_{y_1,Y_2} = \sup \rho_{y_1, \beta^T \times Y_2}$$
$$= \sup \frac{cov(y_1, \beta^T \times Y_2)}{\sqrt{var(y_1)} \sqrt{var(\beta^T \times Y_2)}}$$

$$= \sup \frac{\mathrm{cov}(y_1, Y_2)\beta}{\sqrt{\mathrm{var}(y_1)}\sqrt{\beta^{\mathrm{T}}\mathrm{var}(Y_2)\beta}}$$

$$= \frac{1}{\sqrt{\mathrm{var}(y_1)}}\sup \frac{\mathrm{cov}(y_1, Y_2)\beta}{\sqrt{\beta^{\mathrm{T}}\mathrm{var}(Y_2)\beta}}$$

$$= \frac{1}{\sqrt{\mathrm{var}(y_1)}}\sup \sqrt{\frac{(\mathrm{cov}(y_1, Y_2)\beta)^2}{\beta^{\mathrm{T}}\mathrm{var}(Y_2)\beta}}$$

$$= \sqrt{\frac{\mathrm{cov}(y_1, Y_2)\mathrm{var}(Y_2)^{-1}\mathrm{cov}(Y_2, y_1)}{\mathrm{var}(y_1)}} \tag{4.8}$$

这里，$\beta = \mathrm{var}(Y_2)^{-1}\mathrm{cov}(Y_2, y_1)$ 时取最大值。显然，复相关系数取值范围是 $[0, 1]$。

（5）典型相关分析中的相关系数：当需要测量两个服从正态分布的向量 X 和 Y 之间的相关关系时，可借鉴与复相关系数类似的方法，分别构造 X 和 Y 的线性组合：$\alpha^{\mathrm{T}} \times X$ 和 $\beta^{\mathrm{T}} \times Y$。向量 X 和 Y 之间的相关关系可以用 $\alpha^{\mathrm{T}} \times X$ 和 $\beta^{\mathrm{T}} \times Y$ 的相关系数的最大值来描述，计算公式如下：

$$\rho_{X,Y} = \sup \rho_{\alpha^{\mathrm{T}} \times X, \beta^{\mathrm{T}} \times Y}$$

$$= \sup \frac{\mathrm{cov}(\alpha^{\mathrm{T}} \times X, \beta^{\mathrm{T}} \times Y)}{\sqrt{\mathrm{var}(\alpha^{\mathrm{T}} \times X)}\sqrt{\mathrm{var}(\beta^{\mathrm{T}} \times Y)}}$$

$$= \sup \frac{\alpha^{\mathrm{T}}\mathrm{cov}(X, Y)\beta}{\sqrt{\alpha^{\mathrm{T}}\mathrm{var}(X)\alpha}\sqrt{\beta^{\mathrm{T}}\mathrm{var}(Y)\beta}} \tag{4.9}$$

显然，该相关系数取值范围是 $[0, 1]$。

（6）偏相关系数：当存在多个变量，且要研究两个连续变量间关系时，可以考虑消除其他变量的影响，利用偏相关系数度量两个变量间的关系强弱。假设 $Y = (y_1, \cdots, y_q, y_{q+1}, \cdots, y_p)'$ 且服从 $N(\mu, \Sigma)$，$\Sigma > 0$，将 Y 分解为 $Y_1 = (y_1, \cdots, y_q)'$ 和 $Y_2 = (y_{q+1}, \cdots, y_p)'$ 两部分，那么：

$$\Sigma = \begin{pmatrix} \Sigma_{11} & \Sigma_{12} \\ \Sigma_{21} & \Sigma_{22} \end{pmatrix} \tag{4.10}$$

在给定 Y_2 的条件下，$Y_1 \sim N_q(\mu_{1|2}, \Sigma_{1|2})$，其中，$\mu_{1|2} = \mu_1 + \Sigma_{12}\Sigma_{22}^{-1}(Y_2 -$

μ_2），$\Sigma_{1|2} = \Sigma_{11} - \Sigma_{12}\Sigma_{22}^{-1}\Sigma_{21}$。记 $\Sigma_{1|2} = (\sigma_{ij|q+1,\cdots,p})_{i,j=1,\cdots,q}$，那么在给定$Y_2$的条件下，$y_i$和$y_j$的偏相关系数为：

$$\rho_{ij|q+1,\cdots,p} = \frac{\sigma_{ij|q+1,\cdots,p}}{\sqrt{\sigma_{ii|q+1,\cdots,p}}\sqrt{\sigma_{jj|q+1,\cdots,p}}} \tag{4.11}$$

4.3　科技人才职业满意度测评

4.3.1　研究基础

早在1987年，《人才学辞典》就对"科技人才"作出如下界定：科学人才和技术人才的略语。是在社会科学技术劳动中，以自己较高的创造力、科学的探索精神，为科学技术发展和人类进步作出较大贡献的人。而科技工作者是实际从事系统性科学以及技术知识的产生、发展、传播和应用活动的劳动力。从不同角度来看，科技工作者具有不同的含义。（1）从职业内容来看，该群体涵盖了专业技术人员、科技活动人员、R&D人员、科学家和工程师等多个层次。（2）作为一个政策概念，科技工作者在实际调查中是指教学人员、科学研究人员、工程技术人员、卫生技术人员、农业技术人员以及实际从事系统性科学技术知识创造、开发、普及推广和应用活动的其他人员。（3）按群体划分，科技工作者可分为青年科技工作者、女性科技工作者、老年科技工作者、高校科技工作者、企业科技工作者、医务工作者等几类。（4）根据中国人事科学研究院发布的《科技工作者职业分类研究报告》，科技工作者可分为专业技术人员中的科技工作者、技术技能人员中的科技工作者、社会生产生活服务中的科技工作者、军人中的科技工作者共四个大类，并进一步细分为27个中类、183个小类、677个职业（周大亚，2020）。

与同样作为我国知识分子工作和人才工作重要对象的科技工作者相比，科技人才这部分群体首先应属于科技工作者，其次应具有某个领域或学科的专门知识和技能，并且在从事科学或技术工作过程中具有较高创造力，其成果产出能带来较大社会效应。

我国对人才学的研究起步较晚，20 世纪早期我国经济发展比较迟缓，1978 年党的第十一届三中全会召开，提出将党和国家工作重点转移到经济建设上，经济建设需要大量的人才，人才学开始在中国逐步发展（见表 4.1）。

表 4.1　　　　　　　　　　　　　人才学的发展情况

阶段	具体内容
第一阶段	王通讯、彭文晋、叶忠海相继出版了关于人才学的理论著作，国内对于人才学的研究热情，使得全国 200 多所大学开设人才学课程。《中国图书馆分类法》第三版中将人才学作为一类学科录入。在国家标准《学科分类与代码》中，将人才学作为三级学科隶属于人力资源开发与管理和管理学中。1981 年，中国人才研究会成立
第二阶段	人才学开始逐步和组织人事连接起来，在组织人事工作中发挥指导作用。通过人才评测为人才的挑选及干部工作的考评提供了系统的方法和依据。许多学者开始研究人才流动和人才市场，推动人才资源的合理布局以及人才市场的建立，为区域人才的预测及规划提供了新方法，对跨世纪的人才工程作出巨大贡献
第三阶段	形成人才资源服务业，为有关部门人才决策提供有效的服务。人才学的研究对象即人才，人才是运动的而不是静止的，由社会环境而形成的人才素质的提升以及人才个体因主观能动性发挥自身素质形成了人才的运动

从经济学角度来看，科技人才也是一种资本性资源，是人力资本中较高级的劳动力资源。人力资本是指通过外在投资活动使人通过主观能动性形成对各种生产知识与技能的存量总和。人力资本理论将人的知识、能力凸显出来，将人的质量作为经济发展、社会进步的重要因素之一，更加突出人才资源是第一资源的重要性。在学术界，由于人力资本的复杂性，使得其尚未有一个公认的准确定义，但是，人力资本具有依附性、能动性、时效性、变动性、增值性、替补性的特性。人力资本主要表现在人的知识、技能等方面的人的能力和素质。在此基础上，衡量人力资本的一个重要方面是生产工作时间和人数。人力资本与人的收入相关，人力资本的大小可以表现在人的收入上。随着科学技术的不断发展，人力资本的存量和增量都会处在不断变化之中。人力资本的不断提升，会使其他资本和生产要素的收益都发生递增，可以使其他劳动者收入增加，从而提高整个经济的收益。不断完善的人力资本理论为深入理解和把握科技人才内涵进而测算科技人才职业满意度提供了有益

的视角。

科技人才是一类特殊的群体。科技人才职业满意度的表达既需要真实反映科技人才自身对环境的期望、接受度和忠诚度，又需要从工作性质、办公内容、职业发展等环境因素加以客观评价。科技人才职业满意度是一个综合复杂的概念，需要先从基于期望的总体满意度方面进行研究。参照客户满意度相关定义，客户满意被视为一种购买产品或享受服务后的产出，当实际的绩效大于或等于事前的预期，客户会感到满意，若实际的绩效小于事前的预期，客户会感到不满意。具体来说，科技人才对职业满不满意跟内心对职场待遇、职业发展空间等方面的期望有关，在期望与实际之间产生一种相对意义上的满意度概念。此外，本节也对科技人才职业满意度的接受度进行了具体的界定，主要反映在自身收入状况、社会声望、专长发挥程度、自我成就感、个人发展空间等诸多方面。而科技人才忠诚度则主要反映在自己是否愿意继续留在本单位工作以及是否乐意推荐其他科技人才加盟所在单位。环境因素则更加直接地表现在科技人才工作条件、稳定性、自主性等方面以及学术气氛、社会保障、人际关系、交流培训、晋升机会等方面。比如，所在单位是否提供充足的基础设施和优渥的办公环境？工作中是否需要面对和处理较为复杂的人际关系？工作内容是否具有一定自主性，以更好体现科技人才价值？等等。

不难发现，科技人才对职业的期望、科技人才忠诚度等内容涉及科技人才职业满意度的不同方面。这些方面可以是较为宏观的且需要进一步细化为具体指标的维度（比如环境因素），也可以直接是微观且具体的指标。维度往往是无法直接观测的（被称为潜变量或因子），需要通过具体的可测指标（被称为可测变量）分别对其进行测度。具体见图4.1和表4.2。

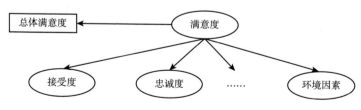

图4.1　科技人才职业满意度指标结构

表 4.2　　　　　　　　科技人才职业满意度指标内容和符号说明

一级指标	二级指标	三级指标
满意度	总体满意度（Y）	—
	接受度（ξ_1）	收入（x_{11}）
		声望（x_{12}）
		专长发挥程度（x_{13}）
		自我成就感（x_{14}）
		个人发展空间（x_{15}）
		……
		为方便表述，最后一个三级指标记为x_{1l}
	忠诚度（ξ_2）	继续留在本单位（x_{21}）
		推荐其他科技人才加盟（x_{22}）
		……
		为方便表述，最后一个三级指标记为x_{2m}
	……	……
	环境因素（ξ_p）	设施（x_{41}）
		氛围（x_{42}）
		稳定性（x_{43}）
		自主性（x_{44}）
		社会保障（x_{45}）
		人际关系（x_{46}）
		交流培训（x_{47}）
		晋升机会（x_{48}）
		……
		为方便表述，最后一个三级指标记为x_{4n}

　　需要说明的是：（1）本节仅在指标体系中设计表达自身的接受度、忠诚度，客观的环境因素，以及相关的收入、声望等的具体指标。针对不同职业类型，还会有与具体职业类型、职业特征相关的职业满意度指标，可能还会包括不同的维度以及具体指标，本节暂不展开讨论。（2）参考欧洲顾客满意度指数模型（ECSI），包括客户总体满意度以及客户期望、形象、质量感知、价值感知、客户忠诚度、客户抱怨程度等具体方面的满意情况。在本节的指标体系中设计可直接观测或打分的总体满意度，在后续指标筛选过程中作为因变量，

与其他指标建立回归关系。

如上所述，反映科技人才职业满意度的指标数量众多，而且随着数据可获取程度的提高，难以避免地会引发指标所表达含义出现重叠，从而加大科技人才职业满意度测评的工作量和难度。因此，在测评前，需要先考虑指标筛选问题。为方便表述，表4.2先对反映科技人才职业满意度的指标及其维度进行符号说明。

4.3.2 指标筛选与测评方法

科技人才职业总体满意度是从总体上反映科技人才对职业的满意程度评价。其存在的意义为：一方面可以从整体对科技人才内心期望与实际感受进行比较；另一方面从统计学方法角度来看，总体满意度这一指标的存在，与其他指标的显著不同之处在于，它可以作为因变量，而其他指标可以作为影响该因变量的自变量。因此，可以考虑构建回归模型，初步探索不同自变量对因变量的贡献及其显著性。职业满意度一般线性回归模型的表达式为：

$$
\begin{aligned}
Y = {} & \beta_0 + \beta_{11} \times x_{11} + \beta_{12} \times x_{12} \cdots + \beta_{11} \times x_{11} \\
& + \beta_{21} \times x_{21} + \beta_{22} \times x_{22} \cdots + \beta_{2m} \times x_{2m} \\
& + \cdots \\
& + \beta_{41} \times x_{41} + \beta_{42} \times x_{42} \cdots + \beta_{4n} \times x_{4n} + \varepsilon
\end{aligned} \tag{4.12}
$$

其中，Y 表示因变量，x_{11}，$\cdots$，x_{1n}表示自变量，ε 表示误差项，满足高斯—马尔可夫（Gauss-Markov）假设，即服从均值为 0，方差为 δ^2 的正态分布。通过最小二乘估计方法，对参数完成估计，结果见表4.3。

表4.3   初始模型估计结果

	β	估计值	标准误	t 值	P 值	是否显著
截距	β_0	—	—	—	<0.001?	***?
x_{11}	β_{11}	—	—	—	<0.001?	***?
			...			
x_{1n}	β_{1n}	—	—	—	<0.001?	***?

注：<0.001？表示 P 值是否小于 0.001，***？表示是否显著。

随着科技人才职业满意度指标数量的逐渐增多，在以总体满意度为因变量，其他指标为自变量的回归模型中，很可能会出现部分指标对应的回归系数没有通过显著性检验，或者模型拟合度不佳，或者模型整体显著性检验未通过。本节关注指标对应回归系数未通过显著性检验的情况，因此重点讨论可用于变量筛选的统计方法。在传统统计学中，基于回归关系并且可用于实现指标筛选的方法是逐步回归法。其基本思想是先对变量进行筛选，然后再建立回归模型。众所周知，逐步回归法主要包括向前逐步回归、向后逐步回归和向前向后逐步回归三种方法。其中，向前逐步回归是指每次添加一个预测变量到模型中，直到添加变量不会使模型有所改进为止。向后逐步回归是指从模型包含所有预测变量开始，一次删除一个变量直到会降低模型质量为止。向前向后逐步回归是指将向前选择和向后剔除两种方法结合起来筛选自变量。在增加一个自变量后，它会对模型中所有的变量进行考察，看看有没有可能剔除某个自变量。如果在增加了一个自变量后，前面增加的某个自变量对模型的贡献变得不显著，这个变量就会被剔除。按照这一方法不停地增加变量并考虑剔除以前增加的变量的可能性，直至增加变量已经不能导致误差平方和显著减少。在前面步骤中增加的自变量在后面的步骤中有可能被剔除，而在前面步骤中剔除的自变量在后面的步骤中也可能重新进入到模型中。因此，本节选择向前向后逐步回归进行自变量（指标）筛选。

另外一类实现指标筛选的方法是在回归模型基础上加入不同形式的惩罚项，以实现将较小系数直接压缩为 0 的效果，完成变量选择。其中最具代表性的变量选择方法是 lasso 以及后来发展起来的弹性网、自适应 lasso 方法、SCAD 等一系列加惩罚项的方法。此外，在数据挖掘与机器学习领域，还有支持向量机、随机森林等方法，均有变量选择的功能。

科技人才职业满意度指标体系由不可直接观测的潜变量和可以直接观测的指标共同构成。其中，既需要描述不同潜变量之间的关系，又需要刻画不同潜变量与它包括的指标间的关系。显然，结构方程模型具有这项功能，包括结构模型和测量模型两部分。结构模型用于描述不同潜变量之间的关系，而测量模型用于刻画不同可测变量指标与其所属潜变量之间的关系。结构模型的形式为：$\eta = B\eta + \Gamma\xi + \zeta$。测量模型的形式为：$Y = \Lambda_y\eta + \varepsilon$，$X = \Lambda_x\xi + \delta$。需要满足的假定条件包括：$E(\eta) = 0$；$E(\xi) = 0$；$E(\zeta) = 0$；$Cov(\zeta, \xi) = 0$；$E(\varepsilon) = 0$；

$E(\delta) = 0$；ε 和 δ 无关；ξ 与 δ，η 和 ε 无关。其中，η 是内生潜变量；ξ 是外生潜变量；ζ 是随机干扰项，反映了结构模型中 η 未能被解释的部分；B 是内生潜变量系数阵，描述内生潜变量 η 之间的彼此影响；Γ 是外生潜变量系数阵，描述外生潜变量 ξ 对内生潜变量 η 的影响。X 是 ξ 的观测指标；Y 是 η 的观测指标；δ 是 X 的测量误差；ε 是 Y 的测量误差；Λ_y 是系数阵，由 Y 在 η 上的因子载荷构成；Λ_x 是系数阵，由 X 在 ξ 上的因子载荷构成。

当潜变量间存在"一对多"的层级关系特征时，即某一个潜变量需要通过其他所有潜变量进行反映，就需要选择二阶因子模型作为模型基础。可以将二阶因子模型理解为一种特殊的结构方程模型。之所以选择二阶因子模型，是因为由指标体系可以看出，共存在三级指标，模型形式表示如下：

$$x_{jh} = \lambda_{jh}\xi_j + \varepsilon_{jh} \tag{4.13}$$

$$\xi_j = \beta_j\eta + \delta_j \tag{4.14}$$

式（4.13）为测量模型，它反映的是可测变量 x_{jh} 与一阶因子 ξ_j 间的关系。λ_{jh} 为载荷系数，表示一阶因子 ξ_j 对可测变量 x_{jh} 的影响。ε_{jh} 为第 j 个一阶因子 ξ_j 中第 h 个可测变量 x_{jh} 的测量误差，均值为 0，方差为 δ_{jh}^2，且与一阶因子 ξ_j 不相关。式（4.14）为结构模型，它反映的是一阶因子 ξ_j 与二阶因子 η 间的关系。β_j 为路径系数，表示二阶因子 η 对一阶因子 ξ_j 的影响。δ_j 为第 j 个一阶因子 ξ_j 的测量误差，均值为 0，方差为 δ_j^2。

偏最小二乘估计算法具有如下优势：（1）放宽分布要求。最大似然估计方法要求数据服从对称的联合正态分布。但在实际研究中，受访者的打分多为不对称的偏态分布。因此该方法的科学性基础受到限制。偏最小二乘估计算法基于最小二乘估计思想通过内外部关系调整、迭代，计算得到潜变量的值，对数据没有联合正态分布的要求，因此更适用于科技工作者满意度测量的实证研究。（2）采用客观权重。多因素综合评价通常采用主观赋权（根据专家经验给指标赋以不同权重）的方法。科技工作者职业满意度需要客观测度科技工作者对实际工作的满意情况，通过其实际感受反映他们心目中的各个因素的重要性，而不是由专家决定哪个因素重要，因此不适合采用主观赋权方法，需要运用客观赋权。最大似然估计算法虽然可以计算指标与潜变量之间的载荷系数，但该系数表现的是潜变量对指标的影响程度，与指标权重的含义刚好相反。因此，该方法在原理上无法估计出潜变量的得分，也无法客观评价潜变量（如满意度）的水平。偏最小二乘估计法作为一种客观赋权的估计方法，可以依据实际数据中的变量关系计算每个指标的客观权重，有利于反映科技工作者对职业实际满意程度。（3）兼顾因素间关系。偏最小二乘估计算法兼顾各潜变量之间关系和每个潜变量与其相应可测变量关系，通过内部关系（各潜变量之间关系）调整、外部关系（潜变量和相应可测变量之间关系）调整，得到客观权重从而计算每个潜变量得分，因此能够更好地揭示与满意度有关的各个因素之间的内在关系。

通过结构方程模型和偏最小二乘估计算法，可以完成科技人才职业满意度测评工作。但是，当指标数量较多时，人们不得不先进行指标筛选，再进行满意度测评，以减少工作量和运算负担，同时也避免将冗余指标纳入模型的风险。有时，为进一步研究删除指标是否对科技人才职业满意度产生影响，可以在指标筛选前后，分别构建科技人才职业满意度测评模型，并比较参数估计结果，见表 4.4。

表 4.4　　　　指标筛选前后科技人才职业满意度测评模型参数估计结果

路径			系数	
			指标筛选前	指标筛选后
ξ_1	$\rightarrow$	x_{11}	β_{11}（before）	β_{11}（after）
			...	
ξ_p	$\rightarrow$	x_{1n}	β_{1n}（before）	β_{1n}（after）

4.3.3　应用分析与讨论

通过研究科技人才职业满意度指标筛选方法和测评模型，一方面可以筛选出关键因素，另一方面有助于简化指标体系，减少工作量，提高运算效率。在筛选职业满意度影响因素前后，分别构建科技人才职业满意度测评模型，并完成比较研究，具有一定的创新性和研究价值。具体来说，科技人才职业满意度指标筛选方法和测评模型的研究意义主要表现在以下两个方面。

一是能够客观反映科技人才职业满意状况。科技人才职业满意度测评之所以能够客观反映科技人才满意情况，主要是因为数据的获取方式可靠、数据来自科技人才的真实感受和模型方法的科学性。

第一，问卷质量的高低是保证数据可靠性的关键。如果问卷设计得有问题，就会误导科技人才对题目的理解，无法得到真实数据。因此，问卷的设计除了基于前瞻性研究之外，也要采纳专家和行业从业人员的建议，反复修订，确定终稿。在正式调查之前，先开展预调查。通过预调查，可以评断问卷设计的水平和质量，初步了解潜变量得分的分布，并对预调查反馈的问题作出及时修改和调整。

第二，职业满意度测评模型之所以能够客观反映科技人才职业满意情况，是因为数据来自科技人才本人，他们根据自己的亲身经历，如实反馈对工作状况的感受。而且这些真实意愿的反馈与满意度指标体系密切结合，真实地反映科技人才对目前职业状况、质量和水平的评价，以及导致这种评价的因素。

第三，职业满意度测评模型包含结构模型和测量模型两部分，清晰地测度潜变量间、潜变量与可测变量间的关系，同时，借助偏最小二乘估计算法完成估计，所有的数值计算结果完全依托于数据本身。而且，该方法本身具有的不要求数据分布形式、采用客观权重、兼顾因素之间关系等优点，尤其是客观权重的计算，避免了主观赋权的干预，保证了科技人才职业满意情况测评的客观性。

二是可用于不同类型科技人才满意度的横纵向比较。科技人才职业满意度使用同一套调查问卷，对于不同地区、不同职业类型、不同工作个体之间的测评结果可比。职业满意度测评模型以全国科技人才的"尺子"作为基准衡量不同地区科技人才的职业满意水平，具有较强的可比性。为考察不同类型地区的职业满意度差异，可以仿照全国科技人才的职业满意度测评模型，构建不同地区的科技人才职业满意度测评模型，横向比较科技人才的满意情况，以实现有针对性地探讨职业满意度现状以及存在的问题。

职业满意度测评模型一旦构建并采用，就可以持续进行科技人才职业满意程度的测评工作，滚动发布科技人才满意程度的测评结果。之所以要随时间推移追踪全国科技人才的职业满意状况，完成动态分析，是因为科技人才需求在不断变化，科学技术在迅猛发展，职业满意是一个动态化的概念，科技人才在不同阶段的满意兴趣点会发生转移。本次满意度测评存在满意率较高的指标，也一定存在评价较低的环节。而且，每次调查的职业满意度测评模型中，满意率或评价较低的影响因素未必相同，应该及时发掘、追踪这些环节的变化情况。通过科技人才满意度动态分析，探讨影响科技人才职业满意程度的因素，提高各级组织的警惕性和灵活性，及时制定调整措施，跟踪改进后的满意度评价。如果不进行动态分析，则全国科技人才职业满意度测评的价值无法得到延续，没有对本次测评后的措施进行验证，无法清晰地确定未来的发展方向，更不能保证科技事业持续健康的发展。

综上所述，为进一步改善我国科技人才职业满意度现状，充分发挥他们的工作热情和积极性，本节从经济收入和精神引领两个方面提出一些政策建议。

一是要普遍提高全国科技人才收入待遇水平，改善基层科技人才的经济和社会保障状况。利用在个人所得税、研发经费加计扣除等法规政策上的倾斜作用，促使科技人才的工资收入得到提高；加大科技人才在专利、技术、管理等无形资产上的资产性收入，在知识产权政策、金融政策等方面为科技人才自主创业创造良好条件；大幅度提高技术推广组织科技人才、偏远地区科技人才的工资水平；改进高校和科研机构的薪酬体系，提高科技人才的待遇和收入。

二是要加强科技人才思想道德教育工作，摆正位置，正确追求职业理想，不好高骛远，脚踏实地干好本职工作。大力宣传当代优秀科技人才的典型事迹，提高科技人才的职业声望，在全社会塑造丰满立体的科技人才形象，引导全国科技人才正面积极响应组织安排，营造"团结互助，边干边学"的风气，在工作中获得自我成就感。

三是要落实全国科技人才中定岗定位的相关政策，改善领导管理水平和执行效率。畅通某些地区、行业、岗位的职业发展通道，合理设置岗位，明确科技人才业务专长，妥善安排工作内容，形成良好稳定的工作机制。为广大科技人才提供充分的培训进修机会，引导鼓励他们不断提升业务水平，消除对职业发展前景的担忧，为个人发展空间和工作稳定性提供良好基础。

4.4　科技人才学术影响力评价

4.4.1　研究基础

高层次人才是国家重要的科技战略资源和支撑产业发展的重要力量，是实现科技自立自强和高质量发展的重要保障，尤其是在人工智能（artificial intelligent，AI）等关系国家创新发展、具有重要社会影响的新兴科技领域，高层次人才的集聚和培养至关重要。各国非常重视人工智能发展，自 2013 年开始，不断发布人工智能战略和政策报告，并将人工智能发展上升至国家战略，其中人工智能人才，尤其是高层次人才引进和培养是重要的政策支柱（施云燕、裴瑞敏、陈光和隆云滔，2021）。自党的十八大以来，我国高度重视人工智能发展，人工智能被列为"十四五"期间的重要发展领域。但我国人工智能人才供给尚不能满足人工智能产业的发展需求，尤其是高层次人才供给不足，成为制约我国人工智能长期、可持续发展的因素。

有研究发现，人工智能高层次人才具有较强的集聚性和流动性，流动促进人力资本的集聚和跃升，带来知识的交互和融合，增进社会资本（Fernández-zubieta，Geuna and Lawson，2015），对科学家的科研绩效、职业发展以及组织或国家的科技实力和创新能力产生重要影响（Kato and Ando，2016）。然而，目前科研流动文献多关注跨境流动对科研绩效的影响，对不同阶段流动对个体科研绩效的影响机制以及跨部门流动的关注较少，仅有少部分研究从技术转化视角研究了从学术界到产业界流动后的知识溢出效应，但缺乏关于产学跨界流动对科研绩效影响的研究，而不同阶段流动和跨界流动对科研绩效的影响对于人才培养及流动政策的制定具有重要意义。

本节以人工智能领域的高层次人才为研究对象，分析科研人员教育阶段流动和工作阶段流动对科研绩效的影响机制，并重点分析产学跨界流动对个体科研绩效的影响及其机制，为我国制定人工智能领域高层次人才培养提供借鉴。本节研究的主要贡献体现在四个方面：第一，其关注人工智能领域的高层次人才群体，通过教育阶段流动和工作阶段流动对人才流动这一概念进行诠释，并考虑教育阶段流动和工作阶段流动间存在一定关系的可能性；第二，在充分考虑科研流动、合作关系、知识多样性、科研绩效多个要素的基础上，构建能够反映人才流动对科研绩效影响的内部结构机理的定量统计模型；第三，模型充分考虑不同要素间的结构关系，在计算每一对要素间关系时，都是在兼顾其他要素间关系的基础上进行测算，从而实现了人才流动对科研绩效影响的内部结构机理的定量估计；第四，考虑到人工智能的跨界属性，将工作阶段流动分为产学跨界流动和非跨界流动两种类型，通过研究分析跨界流动对人工智能领域高层次人才成长的重要性，从人才培养的角度，提出产学研协同培养是新兴领域人才培养和成长的重要模式。

4.4.2　研究假设与研究方法

对科研人员来说，流动是一种"改变"，按照不同的划分标准，可将科研流动分为不同类型，按照科研人员的职业生涯阶段划分，可将科研流动分为两个比较明显的阶段：教育阶段流动和工作阶段流动，因为教育阶段和工作阶段性质不同，其流动属性、流动动因、流动部门以及流动效应都存在较大差异，因此，本节将分别考虑教育阶段流动和工作阶段流动对科研绩效的影响。此外，有学者提出流动可能具有路径依赖性（Fernández-zubieta，Geuna and Lawson，2015），除了流动的人有更倾向于流动的个性特征外，从环境因素上讲，之前的流动能扩展学者的科研网络，从而使得其在后期的工作中可能有更多的机会变更机构，尤其是对于高层次人才，有研究发现教育阶段流动与之前流动具有相关性（Ackers，2004、2005），因此，本节认为，科研流动在一个人的职业生涯中可能具有一致性。

假设 4.1：教育阶段流动对工作阶段流动具有正向影响。

科研人员流动影响科研绩效主要是通过人力资本和社会资本的积累，传统人力资本理论认为科研人员流动是人力资本和知识配置的一种机制，内嵌于个体的知识将随个体的移动而移动（Canibano，Otamendi and Andujar，2008），从而会对流入方的科研绩效产生积极影响。博兹曼、迪茨和高根（Bozeman，Dietz and Gaughan，2001）提出科学与技术人力资本（scientific and technical human capital，STHC）概念，认为 STHC 包括无连接和连接两个维度，包括"认知技能和技术知识等"，认为流动会增值人力资本和社会资本，解释了高技术移民所带来的知识和技能的流动与创新，科研流动带来的连接效应，以及流动为什么对科学家个体绩效带来积极影响。当科学家发生流动时，他们将转变他们的网络，从而具有获取新知识的机会，他们置身于一个新的环境中，扩展了他们之前熟悉的环境，这些都有利于个体的想象力、创造力的发展和新发现的产生，科研流动对科研人员个体和科研网络系统而言，是一种潜在的转型，这种理论对于科研人员流动与绩效之间的关系做了更充分的解释（Bauder, 2015；Lam, 2018）。

在教育阶段，除短暂的交换或联合培养外，科研流动的一种重要表现方式是本、硕、博在不同机构中实现，这种求学的不同阶段与机构建立的联系常被称为"学缘关系"（侯剑华、耿冰冰和张洋，2021），学缘关系往往与科研人员的后期研究绩效有关系。一是从构建社会资本来看，复杂的学缘关系能为学者搭建双边的网络关系，有利于个体社会资本的建设，从而对于学者后期发展具有积极的影响，例如扩展学者的科研合作网络，从而提高科研产出和科研影响力。二是从人力资本积累来看，复杂的学缘关系对于个体成长和发展具有复杂的影响，教育阶段变换机构、面临新的知识环境，使得学者在求学的不同阶段接触到多样的知识、方法和工具，产生多源灵感，从而提高学者的创造力和创新能力，但在一个领域知识积累不够深厚的情况下，也可能会因为转换方向而导致科研效率低下，不利于在一个领域"深耕细作""一气呵成"，从而对科研影响力不利，但从长期来看，这种负面效应会逐渐减弱。因为人工智能领域具有学科交叉的特征，知识迭代更新快，需要多领域知识的融合，人工智能领域学者知识的多样性会对科研绩效产生正向影响。因此，本节认为，教育阶段学校间的流动对科研产出和科研影响力具有积极影响，并且这种影响可以通过科研合作网络和知识的多样性体现。

假设4.2：教育阶段流动对科研产出具有正向影响，对科研影响力有正向影响，且科研合作网络和知识多样性在其中起到中介作用。

在工作阶段，一方面，科研流动能扩展科研人员的科研网络（Collins, 1974），有利于科研人员进入跨国或跨机构的杰出人才的科研网络中（Laudel, 2005），积累个体的社会资本，而社会资本对于合作、信任具有重要的影响，从而影响个体科研绩效。阿祖雷、日温和桑帕特（Azoulay, Zivin and Sampat, 2012）的研究说明了流动对科研人员合作网络多样性的促进作用，从而促进知识交流和转化。另一方面，科研流动关系着知识流动、知识传播和知识扩散，是获得科研资源和默认知识的一种重要机制，科研流动能提高个体科学家获得新资源和新知识的机会与途径，通过塑造个体的空间维度（Holden，2015）形成科研人员个体身份和知识生产模式，从而大大提升个人的科研绩效。此外，流动频繁的科学家更可能转换自己的研究方向，而研究主题转换丰富了科学家的知识结构，在整个职业生命周期上表现为研究的多样化，在一定程度上有利于个体创造力和科研绩效的提升。因此，本节认为在工作阶段，科研流动能通过构建社会资本，积累和丰富知识，从而提升科研产出和科研影响力。

假设 4.3：工作阶段流动对科研产出和科研影响力具有正向影响，科研合作网络和知识多样性在其中起到中介作用。

产学跨界流动是指高校中的人在企业中获得一个工作岗位，或从产业界流动到学术界，是工作阶段的一种特殊的流动形式。基于科学和产业是两个独立系统的基本假设，不同部门会有不同的评价标准和奖励体系，研究人员在不同部门之间流动可能会对其职业生涯产生不同的影响。但科学发展日益复杂且渗入到经济社会方方面面，科学的发展已不再是线性模式，目前推动科学发展的源动力更多地来自产业界和社会需求，尤其是信息技术领域，很多前沿问题产生于企业，产业界成为除科研机构和大学外的又一重要研究场所。"大科学"的出现要求政府、大学、产业界之间通力合作才能解决现在面临的重大挑战，产学研合作成为推动科学发展的重要模式，因为很多知识具有内嵌性和缄默性，科研人员是知识生产和传播的重要载体，科研人员的跨界流动是知识在不同部门之间流动的重要机制，并能产生知识溢出效应。根据工作阶段科研人员流动前后所处机构的属性，可以将科研人员流动分为非跨界流动（高校到高校，企业到企业）和跨界流动（高校到企业，企业到高校），本节认为这四种流动对科研人员个体科研绩效产生不同的影响，其中非跨界流动与以往研究文献中的基本假设一致，对于跨界流动，尽管不同部门的评价和奖励体系不同，可能会对科研人员发表论文有一定的影响，但正如之前所述，知识的交叉融合、产学研的协同发展等越来越将知识的生产和传播从学术界到产业界的单向结构转变成多主体网状结构，科研人员不再仅与学术界的人员合作，也与企业界的研究人员合作；人工智能产业的高层次科研人员不断地将产业前沿问题和知识带到学术界，在人员上实现了学术界和产业界的深度交互，更有可能实现创新链和产业链的深入融合。

假设4.4：产学跨界流动对科研产出和科研影响力具有正向影响，科研合作网络和知识多样性在其中起到中介作用。

基于上述分析，总结提炼出概念框架模型见图4.2，其中工作阶段流动除了总流动次数外，还包括非跨界流动和产学跨界流动两种基本类型。

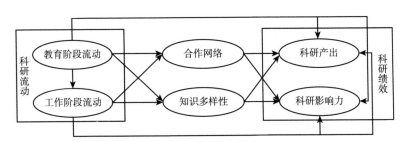

图4.2　科研流动对科研绩效影响机制的概念模型

本节研究将科研流动对科研绩效影响机制概念模型中，用于反映科研产出、科研影响力、合作网络、知识多样性、教育阶段流动和工作阶段流动的指标具体设计为表4.5所列示的情况。

表4.5　　　　　　　　　　科研流动对科研绩效影响的指标体系

变量类型	一级指标	符号	二级指标	符号	含义
因变量	科研产出	Y1	发文数量	IY11	作者发表论文的数量
			能动性	IY12	对作者最近发表的论文给与更高的权重而形成的指标
	科研影响力	Y2	被引频次	IY21	作者发表论文的被引用次数
			h指数	IY22	如果一个人发表的所有学术论文中有N篇论文分别被引用了至少N次，则他的h指数就是N
			g指数	IY23	将论文按照被引次数降序排序，被引次数按序号叠加，当累计被引次数等于序号的平方时，该序号值被记为g指数
中介变量	合作网络	M1	合作网络规模	IM11	作者的合作者数量
	知识多样性	M2	跨领域数	IM21	作者跨领域的程度

续表

变量类型	一级指标	符号	二级指标	符号	含义
自变量	教育阶段流动	X1	本硕博流动情况	IX11	本硕博同校的赋值为 1，本硕同校、硕博异校，或本硕异校、硕博同校的赋值为 2，本博同校、硕异校的赋值为 3，本硕博异校赋值为 4
	工作阶段流动	X2	总流动数	IX21	工作阶段机构变动的次数
			跨界流动	IX22	高校与企业之间的流动
			非跨界流动	IX23	高校到高校、企业到企业的流动

在概念模型中，本节研究的因变量是科研绩效，主要包括科研产出和科研影响力。科研产出用发文数量和能动性来衡量，能动性是用作者发文时间作为权重而合成的发文数量指标，即对作者最近发表的论文给予更高的权重而形成的指标，最终根据二阶因子分析将发文数量和能动性合成为科研产出进入模型。科研影响力是指研究者科研活动所产生的影响，一般用论文的总被引频次作为代理指标，也有通过构造 h 指数和 g 指数等方式综合考虑作者的科研影响力，本节研究选择被引频次、h 指数和 g 指数合成的综合指标用于科研影响力的测度。

在概念模型中，本节研究的自变量是科研流动，科研流动主要分为教育阶段流动和工作阶段流动。教育阶段流动是指本硕博求学期间的流动情况，本节研究将教育阶段流动处理为分类变量进入模型，即本硕博同校的赋值为 1，本硕同校、硕博异校，或本硕异校、硕博同校的赋值为 2，本博同校、硕不同校的赋值为 3，本硕博异校赋值为 4。

工作阶段流动主要是指科研人员工作阶段的流动情况，具体表现为总流动次数，以及产学跨界流动和非跨界流动。产学跨界流动是指科研人员在高校与企业之间的流动情况，非跨界流动是指科研人员在高校之间或者企业之间的流动情况，凡出现高校到企业流动的，即视为产学跨界流动。

本节研究的中介变量有两个，分别是合作网络和知识多样性，合作网络规模用作者的合作者数量来表征，本节认为科研流动能扩展科研人员的合作网络规模。知识多样性则用作者研究领域的多样性，即跨领域的数量来表征。具体的指标体系见表4.5。

在科研流动对科研绩效影响机制的概念模型指标体系中，科研产出、科研影响力、合作网络、知识多样性、教育阶段流动、工作阶段流动都是"潜变量"，即不可被直接观测，需要通过"可测指标"来度量。通过研究假设与概念模型可知，不同潜变量之间存在具有方向性的结构关系，而这些潜变量与一个或多个可测变量之间又有直接的对应关系。本质上，这两种关系共同构成结构方程模型。结构方程模型中的结构模型用于表述不同潜变量之间的结构关系，而测量模型用于表述不同潜变量与其相应可测变量之间的对应关系。

结构方程模型中需要估计的未知量包括表达潜变量间结构关系的路径系数、表达潜变量与可测变量间的载荷系数以及潜变量的得分。目前，结构方程模型中常用的参数估计方法包括极大似然估计、偏最小二乘估计和贝叶斯估计。与简单相加法、层次分析法、综合指数法等主观赋权法相比，这三种参数估计方法均属于客观赋权范畴，避免由于人为主观因素造成估计结果的差异。极大似然估计需要数据服从正态分布假设，其基本原理是基于协方差矩阵更新计算，无法得到潜变量得分。贝叶斯估计需要根据已知的先验分布信息来推断未知参数，而有时先验信息的获取极具挑战。相比之下，偏最小二乘估计不要求数据分布，在完成未知参数估计的同时，也能获得潜变量得分，因此在很多领域得到广泛应用。作为一种常见的非参数检验方法，Bootstrap方法生成多组偏最小二乘估计结果，计算均值、标准差、置信上限和置信上限，构造90%置信区间，验证估计结果的显著性。

在本节研究中，因为获得人工智能高层次人才科研流动和科研绩效的总体分布具有一定的挑战性，而从样本来看，极有可能不能用正态分布作为基本假设，因此，采用偏最小二乘估计的结构方程模型来验证概念模型及估计系统，并用Bootstrap检验模型的有效性，为避免Bootstrap方法次数（即生成结果的数量）影响估计效果，本节研究分别设置300次、500次和1000次Bootstrap，以验证偏最小二乘估计结果的稳健性和可行性。

4.4.3 应用分析与讨论

本节研究所用数据主要来自 Aminer 平台上 AI2000[①] 学者的数据，其中因变量科研绩效用的是 Aminer 平台上学者的发文数量、按时间加权的发文数量、被引频次、学者的 h 指数和 g 指数，中介变量使用的是 Aminer 平台上给出的作者合作者的数量和作者跨领域的数量，自变量科研流动则是从领英（Linke-din）、研究之门（ResearchGate）、学校官网、作者个人网站等多源搜集研究人员的个人履历，对其中教育阶段和工作阶段所在机构进行编码，对同一时间段内出现多个机构的学者，以持续最长的机构作为该学者的隶属机构，学者机构发生变化记为一次流动。

经数据清理和初步整理，形成样本量为 550 的人工智能领域高影响力学者的学术影响力数据集。由表 4.6 可知，反映科研产出、科研影响力、合作网络、知识多样性的可测变量属于连续型变量（共 7 个），反映教育阶段流动和工作阶段流动的可测变量属于离散型变量（共 4 个）。先对 7 个连续型可测变量的最值、均值、中位数和标准差，以及 4 个离散型可测变量的频数进行统计描述，具体见表 4.6。

表 4.6　　　　　　　　　　可测变量统计描述结果

分类	指标	最小值		均值		中位数		标准差			最大值	
连续指标	IY11	0		182.03		124		189.97			1162	
	IY12	0		56.67		25		90.38			1077.61	
	IY21	0		14689		8186		20809.68			209501	
	IY22	0		39.56		35		27.90			165	
	IY23	0		86.33		79		65.22			456	
	IM11	0		4.91		5.21		1.84			8.99	
	IM21	0		2.07		2.43		1.26			4.34	
离散指标	IX11	1	2	3	4	—	—	—	—	—	—	—
	频数	95	340	7	108	—	—	—	—	—	—	—

[①] 相关网址为：https：//www.aminer.cn/ranks/home。

续表

分类	指标	最小值		均值		中位数		标准差				最大值			
离散指标	IX21	0	1	2	3	4	5	6	7	8	9	10	11	12	13
	频数	172	87	59	68	49	36	24	13	14	12	4	5	3	4
	IX22	0	1	2	3	4	5	6	7	8	—	—	—	—	—
	频数	315	110	64	25	21	5	3	3	3	—	—	—	—	—
	IX23	0	1	2	3	4	5	6	7	8	9	—	—	—	—
	频数	218	100	68	65	45	29	9	10	2	4	—	—	—	—

不难发现，7 个连续型可测变量在除最小值以外的其他统计特征中均表现出数量级相差较大的特点。比如，被引频次（IY21）的均值最大，取值为 14689，合作网络规模（IM11）和知识多样性（IM21）的均值较小，取值为个位数 4.91 和 2.07。为避免模型参数估计受到数据量级差异所带来的影响，在估计前会对数据先进行标准化处理。此外，本硕博流动情况（IX11）的频数统计结果表明，本硕博同校（取值为 1）有 95 例，本硕同校、硕博异校，或本硕异校、硕博同校（赋值为 2）有 340 例，本博同校、硕不同校（赋值为 3）仅 7 例，本硕博异校（赋值为 4）有 108 例。与预期相符，绝大多数学者在教育阶段存在流动情况，其中本硕博阶段均存在流动的案例占比为近 20%（108/550），本硕博阶段中有两个阶段连续在同一所学校求学的占比为 68%（340/550）。工作流动的总流动数（IX21）的频数统计结果显示，绝大部分学者在不同类型工作单位流动的次数集中在 6 次以内，占总数的 90%，少数学者发生较为频繁的不同类型工作单位流动现象（占比为 10%）。关于工作阶段流动方面，从跨界流动（IX22）和非跨界流动（IX23）两个角度进行分析，即某位学者从高校进入企业工作或者从企业进入高校工作，在跨界流动方面计 1 次。同样地，某位学者从高校到高校流动以及从企业到企业流动，在非跨界流动方面计 1 次。绝大多数学者在跨界流动次数方面不超过 4 次，占比超过 97%，在非跨界流动次数方面不超过 5 次，占比超过 95%。

为进一步分析属于同一潜变量下可测变量的相关关系，这里计算了科研产出（Y1）、科研影响力（Y2）、工作阶段流动（X2）共 3 个潜变量内部各自包含的可测变量间的相关系数。其余 3 个潜变量因仅包括 1 个可测变量，故不涉及同一潜变量下可测变量间相关系数的计算。可以发现，同一潜变量下的可测变量存在不同程度的相关关系。发文数量（IY11）和能动性（IY12）之间的相关系数为0.36，被引频次（IY21）和h指数（IY22）、被引频次（IY21）和g指数（IY23）、h指数（IY22）和g指数（IY23）之间的相关系数分别为0.74、0.81、0.95。被引频次、h指数和g指数之间的相关系数相对较大，取值均大于0.70。尤其是h指数和g指数之间的相关系数，达到0.95。这是因为，h指数代表高引用次数，它充分考虑了论文影响力和产出量两方面的因素，而g指数在h指数的基础上，还考虑了科研人员以往被引论文的累积贡献和论文的被引次数，弥补了h指数不能很好地反映高被引论文的缺陷。综合考虑，这里将h指数和g指数同时保留在指标体系中，为后续模型参数估计和检验提供基础。总流动数（IX21）和跨界流动（IX22）、总流动数（IX21）和非跨界流动（IX23）、跨界流动（IX22）和非跨界流动（IX23）之间的相关系数分别为0.78、0.89、0.41。与预期相符，总流动次数与跨界流动、非跨界流动具有相对较高的相关程度，相关系数取值均大于0.7。作为反映工作阶段流动的可测指标，一方面需要总流动次数来反映工作阶段的整体流动情况；另一方面需要从不同工作流动类型，进一步细分为跨界与非跨界，以便在追溯科研产出和科研影响力时，区分跨界流动和非跨界流动的不同程度的重要性。

采用偏最小二乘估计算法对结构模型中潜变量间关系的路径系数，以及测量模型中潜变量与可测变量间关系的载荷系数进行估计，结果见表4.7中的"R. E."一列。由模型参数估计结果可知，教育阶段流动（X1）到工作阶段流动（X2）的路径系数非常小，且为负值（-0.03），这说明教育阶段流动并不能对工作阶段流动产生正向影响，有可能是不相关或者是负向影响，在此样本中，假设4.1没有得到验证。

教育阶段流动（X1）对科研产出（Y1）和科研影响力（Y2）的路径系数分别为0.01和0.05，可以认为教育阶段流动对科研产出的作用微乎其微，但能促进科研影响力，教育阶段流动（X1）到合作网络（M1）和知识多样性（M2）的路径系数分别为0.03和0.08，合作网络（M1）到科研产出（Y1）和科研影响力（Y2）的路径系数分别为0.59和0.67，知识多样性对科研产出和科研影响力的作用甚微（0.01）或为负（-0.02），可以认为教育阶段流动对科研产出和科研影响力的正向效应主要通过科研合作网络的扩展实现；同时教育阶段流动会增进科研人员的知识多样性，但涉及过多领域可能会对科研影响力产生不利影响，因此，假设 4.2 得到部分支持。

工作阶段流动（X2）到科研产出（Y1）、科研影响力（Y2）的路径系数分别为 0.16 和 0.14，说明人才流动（尤其是工作阶段流动）对科研成果的发表和引用起到相对较大的正向促进作用，工作阶段流动到合作网络（M1）和知识多样性（M2）的路径系数分别为 0.10 和 0.06，且正如上面所述，合作网络对科研绩效的影响要更为显著，说明工作阶段流动主要通过促进学术合作实现了对科研产出和科研影响力的正向促进作用，知识多样性减弱了工作阶段流动对科研绩效的影响，假设 4.3 得到部分支持。

偏最小二乘估计算法不要求数据服从正态分布，对估计参数的检验不能采用通常情况下的统计检验方法。本节分别通过 300 次、500 次和 1000 次 Bootstrap 抽样技术，进行参数估计检验，并进一步计算其估计偏差、标准误差和 90% 置信区间的上限与下限，计算结果见表 4.7。表 4.7 给出了参数估计结果（raw estimates，R. E.）及基于不同次数 Bootstrap 的偏差（Bias）、标准误差（SE）和 90% 置信区间的上限（CI0.1）与下限（CI0.9），可以看出，无论选择哪种 Bootstrap 方案，所有路径系数均在相对集中的中间部分形成灰色的带状图案，在一定程度上表明估计结果的稳定性。

表 4.7　参数估计结果（raw estimates，R. E.）及基于不同次数 Bootstrap 的估计偏差（Bias）、标准误差（SE）和置信区间（CI）上下限

路径		300				500				1000			
	R. E.	Bias	SE	CI0.1	CI0.9	Bias	SE	CI0.1	CI0.9	Bias	SE	CI0.1	CI0.9
X1 -> IX11	1.00	0.00	0.00	—	—	0.00	0.00	—	—	0.00	0.00	—	—
X2 -> IX21	1.00	0.00	0.01	0.98	1.00	0.00	0.01	0.98	1.00	0.00	0.01	0.98	1.00
X2 -> IX22	0.83	-0.02	0.05	0.69	0.87	-0.02	0.06	0.70	0.88	-0.02	0.06	0.71	0.89
X2 -> IX23	0.85	0.01	0.04	0.80	0.92	0.01	0.04	0.80	0.92	0.01	0.04	0.79	0.92
M1 -> IM11	1.00	0.00	0.00	—	—	0.00	0.00	—	—	0.00	0.00	—	—
M2 -> IM21	1.00	0.00	0.00	—	—	0.00	0.00	—	—	0.00	0.00	—	—

续表

路径		300				500				1000			
	R. E.	Bias	SE	CI0.1	CI0.9	Bias	SE	CI0.1	CI0.9	Bias	SE	CI0.1	CI0.9
Y1 –> IY11	0.84	0.00	0.02	0.80	0.88	0.00	0.02	0.81	0.88	0.00	0.02	0.81	0.88
Y1 –> IY12	0.80	0.00	0.02	0.77	0.84	0.00	0.02	0.77	0.84	0.00	0.02	0.76	0.84
Y2 –> IY21	0.87	0.00	0.02	0.83	0.90	0.00	0.02	0.83	0.90	0.00	0.02	0.83	0.90
Y2 –> IY22	0.97	0.00	0.00	0.96	0.97	0.00	0.00	0.96	0.97	0.00	0.00	0.96	0.97
Y2 –> IY23	0.98	0.00	0.00	0.98	0.99	0.00	0.00	0.98	0.99	0.00	0.00	0.98	0.99
X1 –> X2	–0.03	0.01	0.04	–0.09	0.04	0.00	0.04	–0.09	0.04	0.00	0.04	–0.09	0.04
X1 –> M1	0.03	0.00	0.04	–0.03	0.10	0.00	0.04	–0.03	0.10	0.00	0.04	–0.04	0.10
X2 –> M1	0.10	0.00	0.04	0.02	0.16	0.00	0.04	0.02	0.16	0.00	0.04	0.03	0.16
X1 –> M2	0.08	0.00	0.04	0.02	0.14	0.00	0.04	0.02	0.14	0.00	0.04	0.01	0.14
X2 –> M2	0.06	0.00	0.04	–0.02	0.12	0.00	0.05	–0.03	0.13	0.00	0.05	–0.02	0.13
X1 –> Y1	0.01	0.00	0.04	–0.06	0.08	0.00	0.04	–0.05	0.07	0.00	0.04	–0.05	0.07
X2 –> Y1	0.16	0.00	0.04	0.10	0.23	0.00	0.04	0.09	0.23	0.00	0.04	0.10	0.23
M1 –> Y1	0.59	0.00	0.03	0.55	0.64	0.00	0.03	0.55	0.64	0.00	0.03	0.55	0.64
M2 –> Y1	0.01	0.00	0.04	–0.06	0.09	0.00	0.04	–0.05	0.08	0.00	0.04	–0.05	0.08
X1 –> Y2	0.05	0.00	0.03	0.00	0.11	0.00	0.03	0.00	0.11	0.00	0.03	0.00	0.11
X2 –> Y2	0.14	0.00	0.03	0.09	0.19	0.00	0.03	0.09	0.19	0.00	0.03	0.09	0.19
M1 –> Y2	0.67	0.00	0.03	0.62	0.72	0.00	0.03	0.62	0.72	0.00	0.03	0.62	0.72
M2 –> Y2	–0.02	0.00	0.04	–0.08	0.05	0.00	0.04	–0.08	0.05	0.00	0.04	–0.08	0.05

由表 4.7 可知，从 300 次 Bootstrap 估计到 1000 次 Bootstrap 估计，参数估计结果的估计值（Esti.）、估计偏差（Bias）、标准误差（SE）和 90% 置信区间的上限（CI0.1）与下限（CI0.9）均非常接近。而且估计偏差均接近于 0，在标准误差和置信区间方面也具有相对较好的表现。因此，在无偏性（估计偏差）和有效性（标准误差）方面说明参数估计量优良的统计性质，同时完成对模型中参数估计结果显著性（置信区间）的验证。

为验证工作阶段产学跨界流动和非跨界流动对科研绩效的影响，本节研究测算了产学跨界流动（IX22）和非跨界流动（IX23）对合作网络（M1）、知

识多样性（M2）、科研产出（Y1）和科研影响力（Y2）之间的交叉效应，具
体见表4.8。可以看出，产学跨界流动和非跨界流动对科研产出和科研影响力
都有正向影响，从影响机制来看，产学跨界流动对合作网络和知识多样性具有
较为明显的正向影响，这说明产学跨界流动是通过合作网络和知识多样性两条
路径对科研绩效产生影响，而非跨界流动（IX23）与合作网络（M1）、知识
多样性（M2）的交叉效应为0，说明非跨界流动主要通过拓展科研合作网络
提升科研绩效，假设4.4得到部分支持。

表4.8 可测变量和潜变量间的交叉效应

指标	X1	X2	M1	M2	Y1	Y2
IX11	1.00	− 0.03	0.03	0.07	0.03	0.07
IX21	− 0.03	1.00	0.10	0.05	0.22	0.20
IX22	− 0.06	0.83	**0.08**	**0.10**	**0.16**	**0.14**
IX23	0.00	0.85	**0.08**	**0.00**	**0.20**	**0.19**
IM11	0.03	0.10	1.00	0.53	0.61	0.67
IM21	0.07	0.06	0.53	1.00	0.34	0.35
IY11	0.00	0.16	0.65	0.21	0.84	0.76
IY12	0.04	0.20	0.34	0.35	0.80	0.43
IY21	0.05	0.15	0.42	0.19	0.53	0.87
IY22	0.07	0.20	0.72	0.38	0.77	0.97
IY23	0.06	0.20	0.69	0.37	0.71	0.98

基于不同潜变量间路径系数的估计结果，可进一步测算出总体意义上人才
流动对科研绩效的总体效应。如图4.2所示，科研流动（即人才流动）一方
面可以直接对科研绩效产生影响；另一方面可以通过合作网络和知识多样性两
个中介变量对科研绩效产生影响。

具体来说，科研流动通过合作网络、知识多样性对科研绩效的效应总计为
0.16。其中，科研流动通过合作网络对科研绩效的效应为0.16，科研流动通
过知识多样性对科研绩效的效应为0.00（−0.0014）。另外，科研流动对科研
绩效的直接效应为0.36。通过对上述两类效应加总，科研流动对科研绩效的

综合效应测算为 0.52。

由此发现，科研流动对科研绩效的直接效应大于通过合作网络、知识多样性的间接效应，而以所有路径系数估计结果大小为参照，科研流动对科研绩效表现出相对较大的正向综合效应，这说明总体上人才流动对科研绩效产生的影响不容忽视，尤其是针对人工智能领域高层次人才群体，一定程度上人才流动对推动科研产出、提升科研影响力形成较大的作用。

本节研究通过对人工智能领域高层次人才科研流动和科研绩效的分析，发现高流动性对高层次人才的成长和科研绩效具有促进作用，合作网络的形成和知识领域的拓展在其中起到重要的作用。

第一，教育阶段流动和工作阶段流动对科研产出及科研影响力均有促进作用，但不同阶段的流动对科研绩效的影响效应大小不同。工作阶段流动对科研产出和科研影响力的影响效应要显著高于教育阶段流动（学缘关系）的效应，可见，虽然接受教育期间的行为可能对人才成长具有一定的影响，但后期的工作经验才是高层次人才成长的关键，有研究测算人工智能高层次人才每变动一次机构，其发文量平均增加 2.55 次。本节研究再次证明了流动对科研产出和科研影响力有重要影响，对于人工智能人才成长具有重要作用。

第二，教育阶段流动对知识多样性的影响要大于工作阶段流动的影响，工作阶段流动对合作网络的影响要大于教育阶段流动的影响。这说明，虽然流动可以从积累人力资本和社会资本两个维度对个体科研绩效产生影响，但在不同阶段，流动所积累的资本类型有所不同。在教育阶段，流动更多地是为了接触新知识、学习新技能，为自身能力的提升奠定基础，流动选择策略应以增长自身知识优势、弥补自身知识缺陷为主，以不断提升人力资本，而构建合作网络仅是此阶段流动的"副产品"；在工作阶段，流动除了寻求自身人力资本提升外，更重要的是构建科研合作网络，通过增进社会资本提升科研的产出和影响力。

第三，产学跨界流动是人工智能领域高层次人才流动的重要特征之一，但非跨界流动对科研产出和科研影响力的作用仍比产学跨界流动略大。一方面，不同部门的评价体系和奖励体系不同，根据人力资本替代演化理论，当个体置身于一个新的环境中时，需要一个适应过程，从而带来"适应成本"，在短期内造成绩效下降；并且，因为产业界与学术界两个系统的评价和奖励体系差异较大，产业界的研究更注重面向技术开发，而学术界的研究更注重面向科学前沿，这种差异可能导致流动到产业界的科研人员在发表方面的知识积累不够而影响其科研绩效。另一方面，学者在产业界的经验也可能使得科研人员对科学问题有更深入的把握，从而对科研绩效产生积极的影响，在人工智能等科技与产业深入融合的新兴领域，很多前沿问题来自企业，尤其是大型企业中有大量的研发人员，这些人员在基础研究方面作出了突出的贡献，基础研究本身已经出现了跨界融合，因此，科研人员产学跨界流动对科研产出有促进作用。此外，因为来自产业界的研究问题更加面向需求，需要融合跨领域的知识来解决，产学跨界流动增强科研人员知识的多样性，一定程度上能提升科研人员的绩效，但因为没有在一个领域开展深耕研究，在中短期内对科研成果的影响力有一定负面影响。

基于科技人才学术影响力评价结果，可提出如下政策启示。

第一，构建良性科研流动生态和机制，有利于科研绩效提升和科研人才成长。高层次人才作为一种重要的战略科技资源，有效流动能促进整个科研系统的健康运转，提升科研产出效率。在我国的一些人才流动研究中，可以发现人才流动对科研绩效呈现短期内增量、长期内减量效应（乔锦忠和陈秀凤，2021；黄海刚、曲越和白华，2018），看似流动对科研绩效具有不利影响，与全球人工智能领域高层次人才流动与绩效的研究结果相悖，这主要是因为我国的人才流动并非遵循市场规律，出现了无序流动和争夺人才的情况，人才与环境之间的适配性差，从而导致人力资源配置不当、人力资本总价值和效用降低现象的出现。因此，应营造良好的科研生态，引导高层次科研人员良性、有序流动，充分发挥高层次人力资源对科技经济的贡献。

第二，完善评价和考核体系，在新兴领域探索建立科学界和产业界互动的评价与晋升机制。在人工智能等新兴领域，产业需求常带动科技前沿，创新体系的发展已从产学研协同逐渐转向产学研融合的方向，从而更好地实现创新链和产业链融合。作为重要的科技资源，科技人才要素频繁流动逐渐模糊了产业界和学术界两个系统的边界，从而提升创新体系的整体效能。然而，如果两个系统不能在价值体系上形成较为一致的认识，很难实现真正的融合。因此，应完善现有的科研绩效评价和考核体系，建立面向产业链和创新链融合发展的价值体系，降低科研人员的流动成本；同时，也应注重人工智能人才培养的产学研协同机制（王路津和裴瑞敏，2021）。

4.5　思考与练习

1. 请总结综合评价方法的基本原理，并解释在哪种情况下适合运用综合评价方法，而在哪种情况下综合评价方法的使用反而会影响评价效果。

2. 综合评价的前提和基础是什么？

3. 与传统综合评价方法相比，分位数水平下的综合评价方法具有什么优势？

4. 科技人才职业发展中最重要的因素有哪些？

5. 在综合评价方法中权重的主观确定和客观计算各有什么特点、优势与不足？

6. 不同类型变量的相关系数计算方式分别是什么？

4.6　延展性阅读

新兴领域高质量科技与高层次人才珠联璧合
为中国式现代化建设注入强劲动能 *

高质量科技与高层次人才是国家重要的科技战略资源和支撑产业发展的重要力量，是实现科技自立自强和高质量发展的重要保障，尤其是在人工智能等关系国家创新发展、具有重要社会影响的新兴科技领域，高质量源头科技

---

* 程豪. 新兴领域高质量科技与高层次人才珠联璧合，为中国式现代化建设注入强劲动能［N］.重庆科技报，2022－12－29（08）.

供给，以及高层次人才的集聚和培养至关重要。各国非常重视人工智能发展，自 2013 年开始，世界主要国家不断发布人工智能战略和政策报告，并将人工智能发展上升至国家战略。自党的十八大以来，我国逐渐重视人工智能发展，人工智能被列为"十四五"期间的重要发展领域。但我国人工智能人才供给尚不能满足人工智能产业的发展需求，"中国制造"的关键核心技术也有待进一步突破，科技与人才成为影响我国人工智能可持续发展的因素。

高质量科技与高层次人才供给至关重要

从世界上看，为保持竞争力，各国政府都在大力培养和吸引全世界的人工智能人才。当前全球人工智能人才数量持续增长，人才跨部门、跨地域流动性强，但缺口较大。在人才培养方面，跨学科培养、产学研深度融合培养、产学跨界流动培养模式成为新趋势。党的二十大报告指出，未来五年是全面建设社会主义现代化国家开局起步的关键时期。其中主要目标任务包括经济高质量发展取得新突破，科技自立自强能力显著提升，构建新发展格局和建设现代化经济体系取得重大进展。高质量科技和高层次人才合力进发，对于中国式现代化建设阶段性任务的圆满完成至关重要。

加上新一轮科技革命和产业变革，中美贸易摩擦迭代升级为科技战、人才战，西方国家对我国新兴领域科技人才的培养、交流、合作采取了一系列的限制政策和措施。新形势下科技人才工作面临的现实需求和挑战，要求我国重视和加强应对策略方面的研究，厘清人才成长规律，实现人才国际化与自主培养并举。基于此，分析和探明全球人工智能高层次人才的流动规律和分布、世界主要国家人工智能人才发展的战略与政策措施以及我国人工智能人才培养存在的问题，提出新形势下我国人工智能人才培养的路径和措施，对我国人工智能发展和科技创新至关重要。

四方面发力推动新兴领域高质量科技与高层次人才发展

全面建设中国式现代化国家，前途光明，任重道远。尤其是在新兴领域，高质量科技力量和高层次人才资源的发展与壮大，具有非常重要的意义。具体来说，可以从以下四个方面持续发力。

一是聚力攻克"卡脖子"关键核心技术，抢占高质量科技创新战略制高点。长期以来，高质量科技创新成果都是彰显一国科技实力、为人民健康提供保障的有力证据。比如，人工智能等新兴领域是否与世界先进水平同步，新冠疫苗和药物研发是否取得成功，均可以作为评价一个国家国际影响力和综合形象的重要依据。把握世界科技前沿方向，不断进军科学技术的广度和深度，将科技成果应用在中国式现代化建设的伟大事业中。把关键核心技术作为当务之急，改变关键领域受制于人的局面。以国家战略需求为方向，有组织地打造国家战略科技力量，以目标导向和自由探索为路径，建设具有国际一流水平的重大科技基础设施，以高质量科技和高层次人才为协同，推动中国式现代化建设行稳致远。

二是构建良性科研流动生态和机制，有利于科研绩效提升和科研人才成长。高层次人才作为一种重要的战略科技资源，有效流动能促进整个科研系统的健康运转，提升科研产出效率。在我国的一些人才流动研究中，发现人才流动对科研绩效呈现短期内增量、长期减量效应，看似流动对科研绩效具有不利影响，与全球人工智能领域高层次人才流动与绩效的研究结果相悖，这主要是因为我国的人才流动并非遵循市场规律，出现了无序流动和争夺人才的情况，人才与环境之间的适配性差，从而导致人力资源配置不当、人力资本总价值和效用降低的现象。因此，应营造良好的科研生态，引导高层次科研人员良性、有序流动，充分发挥高层次人力资源对科技经济的贡献。

三是完善评价和考核体系，在新兴领域探索建立科学界和产业界互动的评价与晋升机制。在人工智能等新兴领域，产业需求常带动科技前沿，创新体系的发展已从产学研协同逐渐向产学研融合的方向发展，从而更好地实现创新链和产业链融合。作为重要的科技资源，科技人才要素频繁流动逐渐模糊了产业界和学术界两个系统的边界，从而提升创新体系的整体效能。然而，如果两个系统不能在价值体系上形成较为一致的认识，很难实现真正的融合。因此，应完善现有的科研绩效评价和考核体系，建立面向产业链和创新链融合发展的价值体系，降低科研人员的流动成本；同时，也应注重人工智能人才培养的产学研协同机制。

四是深耕全球人才流动治理，合力人才流动与国际合作稳中求进的发展态势。人才国际流动是全球化发展的重要特征之一。在世界各国的背景下，科学制定国际人才管理和移民规则，通过互惠共赢的国际合作机会，引导人才流动朝着良性健康的方向发展。在全球化人才流动治理中，要注重与全球经济治理、全球安全治理等相关工作同步推进，不断挖掘全球人才流动治理尚待解决和可能存在的难题。在当前情况下，人才流动与国际合作的发展能否保持稳定的发展状态，并在复杂环境中激流勇进，需要世界各国守望相助，共克时艰，坚持走团结合作、互联互通、共同发展之路，为全球抗疫合作和经济复苏作出重要贡献。

第 5 章

科技人才流动国际动态效应
分析方法

5.1 研究背景与意义

无论是人才流动还是国际合作，都会随着时间的推移不断产生出新数据，而仅仅关注某个时间点上的关系或规律无法实现人才流动对国际合作影响的连续动态变化。这种具有连续特征的动态变化规律需要具有函数特征的系数加以刻画。通常情况下，描述变量间关系的系数取值不会随时间的推移而发生变化，比如将经典线性回归模型用于描述变量间的回归关系。但是对于本节关注的人才流动和国际合作来说，需要将系数推广为时间的函数，才可以用于捕捉人才流动对国际合作的效应变化。

系数具有函数特征的统计分析方法主要包括函数型数据分析法和变系数模型。函数型数据是将横截面数据与时间序列数据融合在一起，并使之具有函数特性的一类数据。拉姆瑟和西尔弗曼（Ramsay and Silverman，2002，2005）全面阐述了函数型数据的基本特征以及统计分析的思想，这极大地促进了函数型数据分析方法的理论发展及其在生物医学、气象学、经济学等诸多领域的应用。与传统的统计分析方法相比，函数型数据分析法之所以如此广受欢迎是因为：首先，该方法很少依赖于模型构建的假设条件，可以实现无限维空间数据的统计分析，能够利用更多的数据信息。其次，该方法中的假设函数都是可导的，因此可进行微分分析。最后，该方法将多元统计方法进一步延伸于函数型数据分析，比如函数型主成分分析、函数型聚类分析、函数型判别分析以及函数型回归分析。其中，函数型线性回归模型一直是函数型数据研究的重点。

另外一种使得系数具有函数特征的方法是变系数模型（Hastie and Tibshirani，1993）。该模型将一般线性模型的回归系数推广到某些因子的非参数函数中，保留了非参数回归的稳健性特点，且回归系数是一维变量（如空间、时间）的函数，有力克服数据的高维灾难。目前，变系数模型被广泛应用于局部多维回归分析、函数数据分析、纵向数据分析、非线性时间序列分析等诸多研究方法领域，并且动态广义线性模型、可加模型，部分线性模型，单指标函数系数回归模型和可适应的变系数模型等很多常见模型均属于其特殊情形。

在全球化人才流动对国际合作动态效应研究中，人才流动和国际合作均属于连续测量的数据，而人才流动对国际合作的影响或作用明确表示出以人才流动为自变量、以国际合作为因变量的回归关系，这种回归关系区别于普通线性回归，要求变量和系数均为时间的函数。而函数型数据分析法从函数的角度将连续测量的数据视为具有函数特征的动态概念（Ramsay，1982；Ramsay and Silverman，2002）。需要说明的是，函数型回归模型共包括四种类型：一是响应变量是一维随机变量，解释变量是函数；二是响应变量是函数，解释变量是向量；三是响应变量和解释变量都是函数；四是函数型广义线性模型。

5.2 动态分析的基本方法

5.2.1 函数型数据回归分析方法

函数型数据分析法是近年来统计研究工作的一个新兴分支。函数型数据的概念最早来源于拉姆瑟（Ramsay，1982），他指出可以将连续测量的数据看成一个动态的概念，即具有函数特征的数据。函数型数据分析法是从函数的角度对数据进行统计分析，把函数型数据看成一个整体。拉姆瑟和达尔泽尔（Ramsay and Dalzell，1991）介绍了一些适用于研究函数型数据的方法和数学工具。拉姆瑟和西尔弗曼（Ramsay and Silverman，2002）全面阐述了函数型数据的基本特征以及统计分析的思想，这极大地促进了函数型数据分析的发展，函数型数据分析法在很多领域得到了广泛的应用，例如医学、生物统计学、气象学、经济学等。与传统的统计分析方法相比，函数型数据分析法可以实现无限维空间数据的统计分析，也就是说可以利用更多的数据信息，使得分析更可靠；函数型数据分析法很少依赖于模型构建及假设条件，如离散数据、连续数据的假设；由于假设函数都是可导的，因此可进行微分分析，例如，得到位相图，实现动能与势能之间的转换；将多元统计方法进一步延伸于函数型数据分析法。尽管已经有不少学者从事函数型数据分析法的研究，也取得了很多有价值的成果，但函数型数据分析法的研究仍处于起步阶段，还有很多问题需要进一步解决。

作为函数型数据分析的一种方法，函数型回归分析可用于研究函数型变量间关系，模型参数不是固定的，而是随时间变化的，而且函数型回归模型没有过多的假定及结构约束，适用性更强。因此，函数型回归模型不同于传统回归模型，在描绘城乡消费函数动态变化问题方面的优势可总结为以下几点。

第一，函数型回归分析的研究对象是连续或光滑函数，微积分等分析工具可以用于挖掘曲线的变化特征及曲线变化间的内在关系等更多数据信息。尤其是对于在时间点上分布间隔不相等且密度不均匀的数据，函数型回归模型能够实现离散型数据向函数型数据的转化，并据此诊断拟合数据可能的数学模型。

第二，函数型回归分析可以将因素影响的作用机理描述为微分方程关系，更符合实际情况。具体来说，函数型回归模型能够通过对光滑曲线取得其一阶或高阶导数，进而探索数据的个体差异和动态变化规律，如变化的速度、在不同时间点上变化的差异、改变的突然性等。使用光滑的函数型结构体的一个好处是可以直接从它们的导数中得到它们的动态特性。比如，基本消费函数曲线的一阶导数和二阶导数分别表征了其变化速度与加速度。

第三，函数型回归分析可以观察到普通分析无法发现的特征，发现并提供一个新的角度（比如二维平面图）来解释数据的动态演变模式等特征。其不仅引入了速度（一阶导数）和加速度（二阶导数）的概念，还引入了动能（速度最大的动能最大）与势能（加速度最大的势能最大）。

一般地，函数型数据分析包括原始数据转换为函数、函数的拟合和修匀以及曲线的平移套准三步。

第一，原始数据转换为函数，即在选择基函数的前提下，将离散数据转换成可产生数据函数的过程。在选择基函数时，要考虑函数估计和多阶求导的双重问题。最常用的两类基函数为处理周期性变化数据的傅立叶基函数和处理非周期性变化数据的 B 样条基函数。不妨用 K 个基函数 $\Phi_1(t), \cdots, \Phi_K(t)$ 的线性组合来表示函数 $x(t)$，即 $x(t) = \sum_{k=1}^{K} c_k \Phi_k(t)$，$c_k$ 表示基函数 $\Phi_k(t)$ 的权重。考虑本书所研究的消费函数具有非周期特征，本节选择 B 样条基函数完成数据转换。B 样条基函数的定义如下：当 $t_i \leq t \leq t_{i+1}$ 时，$B_{i,o}(t) = 1$，否则 $B_{i,o}(t) = 0$。通过式（5.1）可以确定第 i 个 k 次 B 样条基函数 $B_{i,k}(t)$ 即：

$$B_{i,k}(t) = \frac{t - t_i}{t_{i+k} - t_i} B_{i,k+1}(t) + \frac{t_{i+k+1} - t}{t_{i+k+1} - t_{i+1}} B_{i+1,k-1}(t) \tag{5.1}$$

这里需要用到 $t_i, t_{i+1}, \cdots, t_{i+k+2}$ 共 $k+2$ 个节点，称区间 $[t_i, t_{i+k+1}]$ 为 $B_{i,k}(t)$ 的支承区间。在 B 样条曲线方程中，$n+1$ 个控制顶点 $p^i (i = 0, 1, \cdots, n)$，要用到 $n+1$ 个 B 样条基函数 $B_{i,k}(t)$。

第二，函数的拟合和修匀，即通过对粗糙度进行惩罚完成对函数的修匀，测定函数 x 对数据的拟合精度与函数本身波动性之间的平衡率，更加强调光滑性，相对较少地强调数据拟合度。传统的修匀方法是最小二乘法，即：$\min \text{SMSSE}(y|c) = \sum_{j=1}^{n} \left[y_i - \sum_{k}^{K} c_k \phi_k(t_j) \right]^2$。该方法要求误差 ε 必须满足标准模型，即 $\varepsilon \sim N(0, \delta^2)$。拉姆瑟和西尔弗曼（Ramsay and Silverman, 2005）引入正则化的思想，提出了粗糙惩罚法（以下简称粗惩法），通过对粗糙度进行惩罚从而对函数进行修匀，模型如下：

$$\text{PENESS}(x|y) = [y - x(t)]'W[y - x(t)]^2 + \lambda \text{PEN}_2(x)$$

$$\text{PEN}_2(x) = \int [D^2 x(s)]^2 ds \tag{5.2}$$

其中，$[D^2 x(s)]^2$ 表示曲线的曲率，y 表示离散的观察数据 $y_1, \cdots, y_n$ 组成的 n 维向量，W 表示权重向量。在函数 x 所在的函数空间定义粗糙度 $\text{PEN}_2(x)$，并且在这个空间中通过最小化 $\text{PENESS}(x|y)$ 找到 x 估计函数。λ 被称为修匀参数，通过它来测定函数 x 对数据的拟合精度与函数本身波动性之间的平衡率，前者由第一项来衡量，后者由该模型的第二项来衡量。λ 越大，那些非线性的函数

就会通过$PEN_2(x)$获得更多的粗糙惩罚，因此组合模型$PENESS(x|y)$定会更加强调函数 x 的光滑性，而相对较少地强调函数 x 对数据的拟合。

第三，曲线的平移套准，即函数型观测值的变化包含垂直方向的振幅变化和水平方向的位相变化。函数型观测值的变化既含有振幅的变化，也含有位相的变化。每个函数的振幅和位相可能都不一样。如果将两者混在一起，会导致诸多问题。例如，在不同阶段，身高随年龄增长的速度不同，不同人的增长速度也不同。若固定一个变量（如时间），那么会看到某一时期内每个人的身高值。这个过程被称为曲线的排齐，可以区别对待垂直方向的振幅变化和水平方向的位相变化。

函数型回归分析存在多种模型，如总体效应影响模型、局部效应影响模型、短期滞后影响模型等。结合实际应用问题，在所用的函数型回归模型中，解释变量与响应变量均为函数变量，表达形式如下：

$$Y(t) = X(t)^T \beta(t) + \varepsilon(t) \tag{5.3}$$

其中，$Y(t)$表示因变量函数向量，$X(t) = (1, X_1(t))^T$表示自变量函数矩阵，$\beta(t) = (\beta_0(t), \beta_1(t))^T$表示参数向量，$\varepsilon(t)$表示误差项函数。这里采用样条法估计模型中的未知参数。

5.2.2　函数型数据聚类分析方法

聚类对象间的距离度量指标是聚类分析的首要问题，衡量距离的指标有很多种，其中欧式距离具有最优良的数学性质，故将它作为函数聚类主要的相似性度量指标。对于给定的两个函数 x (t) 和 z (t)，其欧式距离为：

$$D_{xz} = \int_0^T (x(t) - z(t))^2 dt \tag{5.4}$$

但如果直接使用式（5.4）聚类过程，整个数据需要大量数值积分，这将导致算法时间复杂度增加。为了简化运算，将 x(t) 和 z(t) 用相同的 K 维基函数 $\Phi(t)$ 展开，用 x 和 z 分别表示 x(t) 和 z(t) 的基函数展开系数向量，则有：

$$D_{xz} = \int (x(t) - z(t))^2 dt$$

$$= \int (x'\Phi(t) - z'\Phi(t))^2 dt$$

$$= \int [(x - z)'\Phi(t)\Phi'(t)(x - z)] dt$$

$$= (x - z)'\int \Phi(t)\Phi'(t) dt(x - z) \triangleq (x - z)'W(x - z)$$

$$(5.5)$$

如果基函数是标准正交基，矩阵 W 就退化成单位阵，这时函数之间的距离就变成系数向量之间的欧式距离。如果基函数非正交，D_{xz} 可以被理解为系数向量之间以基函数的协差阵为权重的加权欧式距离。其一般性在以下两点体现：（1）原始时序数据能利用任意基函数展开，无关该基函数是正交还是非正交；（2）任何基于欧式距离的聚类方法都能被应用到时序数据聚类分析中。

由于系统在现实运行中，大量的时序数据超过两个变量，每一个多变量时序对应的函数对象由多个函数构成。因此，可以很容易扩展到多变量情形。

若函数 $x_l(t)$ 和 $z_l(t)$（$l = 1, 2, \cdots, p$）分别表示 p 维多变量函数 $x(t)$ 和 $z(t)$ 的第一个变量所代表的函数，则可定义函数 $x(t)$ 和 $z(t)$ 之间的欧式距离为：

$$D_{xz} = \int_0^T \sum_{l=1}^p (x_l(t) - z_l(t))^2 dt \qquad (5.6)$$

用 x_l、z_l 分别表示用相同基函数展开的系数向量，可得：

$$D_{xz} = \sum_{l=1}^p [(x - z)'W(x - z)] \qquad (5.7)$$

5.2.3 基于分位数思想的拓展方法

已有研究大多讨论因变量的条件均值与所对应的自变量间的回归关系。而实际上模型假定条件中均值函数可能并不存在或者条件期望的估计不稳健或不合适。尤其是在数据呈现偏态特征时，基于"平均数"思想的回归模型不再适合。在这种情况下，分位回归能够精确描述不同分位水平下自变量对因变量的变化范围以及条件分布形状的影响。在分位回归基础上，复合分位数回归（Zou et al.，2008）能够同时综合多个分位回归模型，因此可以综合多个分位数水平下的参数估计结果，在实际应用中更方便解释。

5.3 科技人才流动对国际合作的函数型动态效应分析

5.3.1 研究基础

一直以来，人才流动与国际合作都是备受关注的研究主题。早在 1963 年，英国科学家大量外流到美国引起国内外各界人士的广泛关注。立足全球视野，人才跨国与跨地区的流动情况是衡量国际合作的一个关键指标，也是影响国际合作的重要因素。这是因为，人才的良性循环和流动能够为世界各国、各地带来巨大的经济社会效益，进一步加强国际合作。而人才的恶性流动和迁徙则会导致国际合作关系破裂，合作生态难以维持。加上突发事件的影响，全球化人才流动对国际合作的效应会受到一定程度的冲击。那么，随着时间的推移，全球化人才流动对国际合作的效应很可能会出现动态变化，而这种动态变化规律的描述和捕捉将成为颇具价值的研究问题。

然而，目前国内外专家学者在人才流动等相关领域的研究成果更多关注的是人才流动影响因素、人才流动机制与路径探索等方面。陈韶光和袁伦渠（2004）就人才国际流动效应展开讨论，对人才国际流动绩效进行分析与评价。陈波（2015）通过设计跨期工作搜寻模型解释了复杂的人才国际流动行为，并理论论证了移民输出国也可能会由于移民的跨期流动而获益。杨芳娟（2016）以中国高端科技人才为对象，研究其跨国流动模式及影响。龙梦晴和邹慧娟（2021）在梳理当前人才流动生态失衡现象的基础上，探究了人才流动协同发展的机理与路径。作为国际互动的一种基本形式，国际合作工作相关研究成果的开展主要围绕在国际科学合作或国际科研合作现状分析以及合作模式探索。刘则渊（2012）围绕科学论文生产与科学合作规模之间的关系展开研究，发现科学合作最佳规模现象，并提出全面探索科学合作最佳规模现象与定律的设想。刘云等（1996）根据基础学科国际科学合作的重要特征以及国际科学合作的产出数据系统，研究了国际科学合作中所出现的复杂现象与关系，并就基础学科国际科学合作的重要模式进行了讨论。陈立新等（2006）就近 17 万条力学 SCI 专业期刊论文索引数据进行统计分析，研究表明国际力学科学合作中存在马太效应。裘继红等（2015）以 2009 ~ 2011 年 Web of Science 中收录的科学研究文献为分析对象，研究了国际合作对论文影响力提升的作用。基于已有文献基础不难发现，全球化人才流动对国际合作的动态效应研究较为少见。因此，这种对动态效应的研究需要选择科学的方法和工具加以解决。

本节将全球化人才流动对国际合作的效应研究界定为人才流动与国际合作间的回归关系问题。与传统的线性回归关系不同的是，这里的回归关系需要考虑随着时间推移而产生的动态变化，即人才流动与国际合作之间关系的系数需要通过光滑的函数，才能刻画出全球化人才流动对国际合作的具有函数特征的动态变化的效应规律。综上所述，通过选择描述具有函数特征的动态回归关系的统计学方法和模型，研究全球化人才流动对国际合作的函数型动态效应问题，并借助可视化方式展示这种函数规律，以期为政府及社会各界提供方法工具和分析思路。

5.3.2 基础模型与研究问题

在全球化人才流动对国际合作的函数型动态效应研究中，结合人才流动和国际合作数据特点，本节采用响应变量和解释变量都为函数的这类函数型回归分析方法作为研究方法，函数型回归模型表达式如下：

$$Y(t) = \beta_0(t) + \beta_1(t) \times X(t) + \varepsilon(t) \tag{5.8}$$

其中，$Y(t)$ 表示因变量，$X(t)$ 表示自变量，$\beta_0(t)$ 表示截距项，$\beta_1(t)$ 表示回归系数项，$\varepsilon(t)$ 表示随机误差项。显然，上述变量与系数项均为时间 t 的函数。模型中的因变量为国际合作，自变量为人才流动，截距项和回归系数项用于揭示人才流动对国际合作的函数型动态效应规律。

基于全球化人才流动对国际合作的函数型回归模型研究，共有三个方面的研究问题。

第一，研究对象和时间长度的确定。全球化人才流动对国际合作的函数型动态效应研究需要先解决研究对象的问题。在一个时间点上，研究对象存在取值不难，但在一定的时间长度内，研究对象一直存在取值是不容易的。因此，需要确定好一定时间长度内每个时间点上均有取值的研究对象。这里，一定时间长度要在保证一定研究对象数量的基础上进行选择，而且一定时间长度最好尽可能地覆盖最新的时刻，以确保所反映规律的实时性。

第二，纳入模型的人才流动变量的选择。另外一个重要问题是，影响国际合作的因素众多，虽然从人才流动视角出发，仅考虑与人才流动相关的因素，但众所周知，人才流动从方向上可简单分为人才流入和人才流出。受数据获取等因素的限制，这里不考虑人才环流现象。在函数型回归模型中，国际合作为因变量，而自变量的纳入需要从人才流入、人才流出以及人才流动总体情况这三个维度加以考虑。其中，人才流动总量是人才流入和人才流出的加总。因此，不建议将人才流动总量和人才流入量，或者人才流动总量和人才流出量同时纳入模型。那么，在全球化人才流动对国际合作的函数型动态效应模型中，可以仅纳入人才流动总量、人才流入量和人才流出量中的一个作为自变量，依次建模。而是否可以将人才流入量和人才流出量同时作为自变量纳入模型，有待通过计算相关系数加以确定。

第三，函数型动态效应规律的描述与可视化分析。通过函数型回归分析，分别描述人才流动不同变量对国际合作的动态效应规律。在所选时间长度中，如果出现前后段特点不同的变化规律，可以考虑截取部分时间长度的数据深入挖掘人才流动对国际合作的函数型动态效应规律。考虑到函数型数据的特点，本节借助可视化工具对数据统计特征以及人才流动对国际合作的函数型动态效应规律加以展示。

5.3.3 应用分析与讨论

5.3.3.1 人才流动与国际合作整体动态变化描述

本节采用 Scopus 数据库的部分数据，包括 1981～2020 年 108 个国家（地区）的人才流动和国际合作数据，涉及不同国家（地区）的人才流出量（记为 varout）、人才流入量（记为 varin）、人才流动总量（记为 varsum）及国际合作（记为 varco）共四个变量。其中，人才流动总量是人才流出量与人才流入量之和，国际合作采用跨国合作的文章数量来表示。本节先通过折线图（见图 5.1）展示所有国家（地区）1981～2020 年在国际合作方面的变化规律。考虑到不同国家（地区）在人才流动与国际合作方面的数据量级相差较大、国家（地区）数量较大的数据特点，图 5.1 将 108 个国家（地区）平均

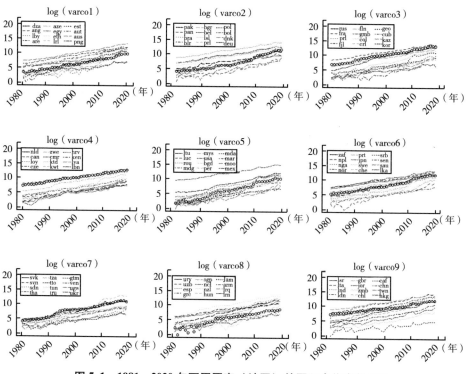

图 5.1　1981～2020 年不同国家（地区）的国际合作变化规律

分为 9 组，对国际合作数据取对数，再绘制折线图。需要说明的是，图例中用不同国家（地区）的代码代替国家（地区）名称。其中，纵坐标表示国际合作数据（跨国合作文章数量）的对数。

1981~2020 年，绝大多数国家（地区）在国际合作方面表现出稳定上升的特征，而且不同国家（地区）的国际合作上升趋势呈现出平行的特点，只有极个别的国家（地区）出现一定程度的波动。此外，人才流出量、人才流入量和人才流动总量也表现出与国际合作相似的规律，受篇幅所限，这里省略了人才流动方面的折线图。

为进一步研究 1981~2020 年所有国家（地区）在国际合作、人才流入量、人才流出量、人才流动总量四个方面的变化规律，这里先对每一年所有国家（地区）在上述四个方面的数据取对数，再计算取对数后的最值、分位数和均值结果，见图 5.2。其中，最大值记为 max，最小值记为 min，均值记为 mean，第一分位数记为 Q1，中位数记为 median，第三分位数记为 Q3。国际合作（varco）、人才流入量（varin）、人才流出量（varout）和人才流动总量（varsum）数据取对数后的描述性统计学特征见图 5.2。

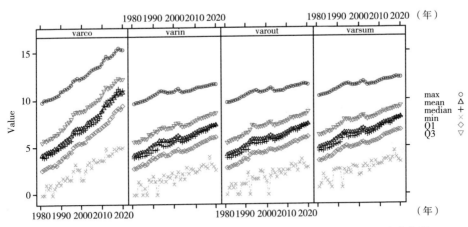

图 5.2　1981~2020 年所有国家（地区）总体人才流动与国际合作变化规律

图 5.2 共包含四个子图，从左至右分别展示了所有国家（地区）在国际合作、人才流入量、人才流出量、人才流动总量的变化规律。在每个子图中，从上到下分别展示出最大值、第三分位数、均值、中位数、第一分位数和最小

值共六条折线。不难看出，国际合作、人才流入量、人才流出量、人才流动总量在最值、分位数和均值方面表现出相似的变化规律：（1）所有折线整体上均表现出上升趋势，且国际合作比其他三个变量上升的速度更快，所有国际合作的发展形势更优于人才流动的数量；（2）所有折线表现出平行特点，即同一个子图的不同折线间保持着相对稳定的距离，说明不同国家（地区）随着年份的推移在国际合作与人口流动方面的差距没有表现出扩大或缩小的规律；（3）均值略高于中位数，且两条折线非常接近，这在一定程度上说明，数据分布相对集中，离散程度相对较小；（4）与其他五条折线相比，最小值表现出较强的波动性，而且这种波动性在 1981 ~ 2000 年尤为明显，这种特点很可能揭示出 2001 ~ 2020 年人才流动与国际合作发展规律更加稳定，为后续进行函数型动态分析提供基础。此外，本节还绘制了箱线图，考虑到箱线图中所涉及的最值、分位数等数据信息与图 5.2 所展示的内容类似，且分析规律一致，所以这里不再进行展示。

5.3.3.2　人才流动对国际合作函数型动态效应

本部分对 1981 ~ 2020 年所有国家（地区）的人才流出量、人才流入量、人才流动总量及国际合作这四个变量原始数据的相关系数进行了计算，需要说明的是，人才流动总量为人才流出量和人才流入量之和，因此不计算人才流动总量与人才流出量之间，以及人才流动总量与人才流入量之间的相关系数。图 5.3 展示出 1981 ~ 2020 年所有国家（地区）国际合作与人才流入量、人才流出量、人才流动总量之间的相关系数（分别记为 varco-varin、varco-varout、varco-varsum），以及人才流出量与人才流入量之间的相关系数（记为 varin-varout）。

由图 5.3 可知，国际合作与人才流入量、人才流出量、人才流动总量之间的相关系数随着年份的推移整体呈现出一种下降的趋势，而在 2012 年和 2018 年各分别有一次较大程度的"先下跌，后回升"的变化。人才流出量与人才流入量除在 1992 ~ 1993 年有较大程度变动外，均表现出接近 1.00 的高度相关水平，因此在构建人才流动对国际合作函数型动态效应模型时，不可将人才流出量与人才流入量同时纳入模型中，避免出现多重共线性的问题。而人才流动总量为人才流入量与人才流出量之和，因此，人才流动总量也无法与人才流入量或人才流出量同时纳入模型。综上所述，这里以国际合作为因变量，分别以人才流入量、人才流出量、人才流动总量为自变量，构建三个人才流动对国际合作函数型动态效应模型。为方便表述，记模型（5.9）为人才流入量对国际合作函数动态效应模型，模型（5.10）为人才流出量对国际合作函数动态效应模型，模型（5.11）为人才流动总量对国际合作函数动态效应模型。

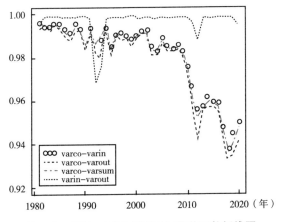

图5.3　1981~2020年变量间相关系数折线图

这里基于1981~2020年共40年的原始数据，分别构建三个模型，模型形式如下：

$$\text{Varco}(t) = \beta_{01}(t) + \beta_{11}(t) \times \text{Varin}(t) \tag{5.9}$$

$$\text{Varco}(t) = \beta_{02}(t) + \beta_{12}(t) \times \text{Varout}(t) \tag{5.10}$$

$$\text{Varco}(t) = \beta_{03}(t) + \beta_{13}(t) \times \text{Varsum}(t) \tag{5.11}$$

在模型（5.9）~模型（5.11）中，$\text{Varco}(t)$ 表示国际合作的年份 t 的因变量函数，$\text{Varin}(t)$ 表示人才流入量的年份 t 的自变量函数，$\text{Varout}(t)$ 表示人才流出量的年份 t 的自变量函数，$\text{Varsum}(t)$ 表示人才流动总量的年份 t 的自变量函数。采用样条法估计模型中的未知参数函数 $\beta_{01}(t)$、$\beta_{11}(t)$、$\beta_{02}(t)$、$\beta_{12}(t)$、$\beta_{03}(t)$ 和 $\beta_{13}(t)$。这里年份 t 的取值范围是 $[1981,1982,\cdots,2020]$。

图5.4展示出1981~2020年人才流动对国际合作函数型动态效应曲线。该图共包括上下两层，上层从左至右分别表示截距项 $\beta_{01}(t)$、$\beta_{02}(t)$ 和 $\beta_{03}(t)$

的函数曲线（左）及其变化曲线（右），下层从左至右分别表示系数项$\beta_{11}(t)$、$\beta_{12}(t)$和$\beta_{13}(t)$的函数曲线（左）及其变化曲线（右）。图例给出了对应曲线表达的因变量与自变量间的回归关系。

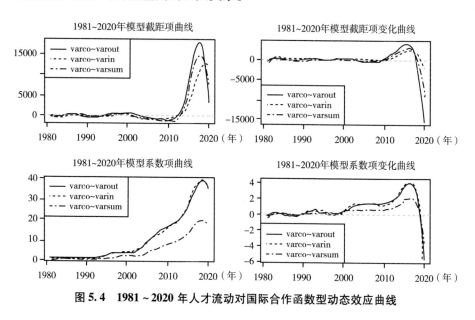

图5.4 1981～2020年人才流动对国际合作函数型动态效应曲线

由图5.4左侧两个子图可知，人才流动总量、人才流入量、人才流出量对国际合作的函数型动态效应（包括截距项和系数项）表现出一致的规律性，即截距项曲线和系数项曲线均先经过一段时间的取值较小的稳定状态，而后以较快的速度突然上升，之后再经历下降。但随着年份的推移，不同人才流动自变量对国际合作因变量的效应的变化幅度不同。在2015年前后，人才流出量对国际合作截距项效应上升幅度最大，人才流动总量对国际合作截距项效应上升幅度次之，人才流入量低于人才流动总量和人才流出量。人才流入量和人才流出量对国际合作的系数项效应非常接近，而2000年以后，人才流动总量对国际合作的系数项效应尽管保持相对快速的上升趋势，但与人才流入量和人才流出总量对国际合作的系数项效应相比，其上升的幅度差距不断增加。图5.4右侧的两个子图表示截距项和系数项的变化曲线，即左侧曲线对应的变化曲线，2000年以前，截距项和系数项的变化曲线基本在0水平线附近波动。2015年以后，截距项变化曲线和系数项变化曲线出现明显的迅速下降趋势，

2020 年达到最低。截距项和系数项的变化曲线表明人才流入量、人才流出量、人才流动总量对国际合作的函数型动态效应的变化速度表现出先以相对稳定的速度变化，再经过大幅度上升的加速变化，而后出现较为剧烈的大幅度下降的反向加速变化（取值为负）。

自 2001 年以后，截距项、系数项曲线及其变化曲线均表现出较大幅度的变化特点。为此，本节选取 2001~2020 年共 20 年的原始数据，重新构建模型（5.9）~模型（5.11），在排除 1981~2000 年数据干扰的前提下，探索这 20 年的函数型动态效应规律。与图 5.4 结构相同，图 5.5 展示出 2001~2020 年人才流动对国际合作函数型动态效应曲线。该图共包括上下两层，上层从左至右分别表示截距项 $\beta_{01}(t)$、$\beta_{02}(t)$ 和 $\beta_{03}(t)$ 的函数曲线（左）及其变化曲线（右），下层从左至右分别表示系数项 $\beta_{11}(t)$、$\beta_{12}(t)$ 和 $\beta_{13}(t)$ 的函数曲线（左）及其变化曲线（右）。这里，年份 t 的取值范围是 [2001, 2002, …, 2020]。图例给出了对应曲线表达的因变量与自变量间的回归关系。

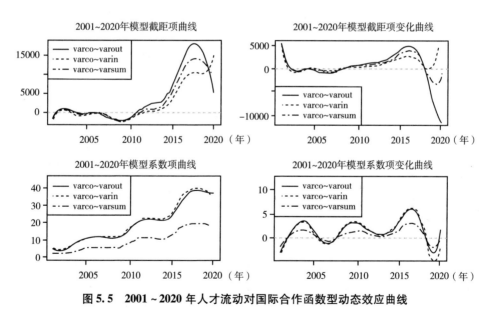

图 5.5　2001~2020 年人才流动对国际合作函数型动态效应曲线

由图 5.5 左上方的子图可知，2010 年以前，人才流动总量、人才流入量、人才流出量对国际合作的截距项的函数型动态效应非常接近，在 0 水平线附近波动。而在 2010~2018 年，呈现出较为明显的上升趋势，2018 年以后人才流出量和人才流动总量对国际合作的截距项的函数型动态效应呈现先增长后下降的趋势，而人才流入量对国际合作的截距项的函数型动态效应在先增长后平稳下降后再次出现上升的趋势。人才流动总量、人才流入量、人才流出量对国际合作的截距项函数型动态效应的变化曲线在 2010 年前保持在 0 水平线附近波动而后出现上升趋势。2016 年以后，人才流入量和人才流动总量对应的截距项变化曲线在下降后又上升，而人才流出量对应的截距项变化曲线保持持续下降。由图 5.5 下方的两个子图可以看出，人才流入量、人才流出量对国际合作的系数项的函数型动态效应曲线及变化曲线非常接近，效应曲线呈现阶段性上升趋势，而效应变化曲线表现出一定的周期性且没有明显的上升趋势。人才流动总量对国际合作的系数项的函数型动态效应曲线及变化曲线的规律与人才流入量、人才流出量对应的曲线规律类似，区别在于变化幅度更为平缓。

众所周知，全球化为全世界的发展带来重要影响。其中，全球化人才流动正以波涛汹涌之势，在推动经济全球化、科技国际化不断深化的同时，时刻影响着国际合作的发展。人才流动的方向（比如流入、流出）以及人才流动的数量直接促进或阻碍一个国家（地区）的国际竞争力的增强，对于国际关系的维护和发展起着决定性的作用。在瞬息万变的国际形势中，这种决定性的作用又会随着时间的推移不断发生变化。因此，以函数型回归为基础模型，充分考虑人才流动的方向，构建三个全球化人才流动对国际合作函数型动态效应模型。其旨在研究全球化人才流动对国际合作的具有函数特征的动态变化规律，并以可视化方式展示这种函数规律，以期为政府及社会各界提供方法工具和分析思路。

通过统计描述不难发现，1981～2020 年，绝大多数国家（地区）在人才流出量、人才流入量、人才流动总量以及国际合作方面表现出稳定上升的特征，而且不同国家（地区）的国际合作上升趋势呈现出平行的特点，只有极个别的国家（地区）出现一定程度的波动。通过依次计算所有国家（地区）在国际合作、人才流入量、人才流出量和人才流动总量的最值、分位数及均值，发现四个变量的所有统计特征均表现出不同程度的上升趋势，而不同国家（地区）随着年份的推移在国际合作与人口流动方面的差距没有表现出扩大或缩小的规律。其中，最小值在前 20 年和后 20 年表现出不同的差异。基于上述分析，结合不同人才流动变量间的相关系数，以1981～2020年和2001～2020年为时间段各构建三个全球化人才流动对国际合作函数型动态效应模型，用于探索人才流动对国际合作的函数型动态效应规律，研究表明：

第一，选择1981～2020年为时间段构建模型发现，不同人才流动变量对国际合作的函数型动态效应（包括截距项和系数项及其变化）均先经过一段时间的取值较小的稳定状态，而后以较快的速度突然上升，最后再经历下降。2015年前后，人才流出量对国际合作截距项效应上升幅度最大，人才流动总量对国际合作截距项效应上升幅度次之，人才流入量低于人才流动总量和人才流出量。人才流入量和人才流出量对国际合作的系数项效应非常接近，而2000年以后人才流动总量对国际合作的系数项效应尽管保持相对快速上升的趋势，但与人才流入量和人才流出总量相比，其上升的幅度差距不断增加。

第二，选择2001～2020年为时间段构建模型发现，不同人才流动变量对国际合作的截距项的函数型动态效应在一开始非常接近，直到2010年，呈现出较为明显的上升趋势，2018年以后人才流出量和人才流动总量对国际合作的截距项的函数型动态效应呈现先增长后下降的趋势，而人才流入量对国际合作的截距项的函数型动态效应在先增长后平稳下降后再次出现上升的趋势。2016年以后，人才流入量和人才流动总量对应的截距项变化曲线在下降后又上升，而人才流出量对应的截距项变化曲线保持持续下降。人才流入（出）量对国际合作的系数项的函数型动态效应曲线及变化曲线几乎全程重合。其中，效应曲线呈现阶段性的上升趋势，而效应变化曲线表现出一定的周期性且没有明显的上升趋势。

综上所述，在国际竞争日益激烈、全球化挑战日趋显著的背景下，充分发挥人才流动的力量，推动国际合作健康有序的发展，已成为全世界共同关注的重要话题。本节借助科学的建模方法和可视化工具，完成全球化人才流动对国际合作函数型动态效应规律的分析，并提出相关政策建议，以期为全球化人才流动治理与国际合作等相关领域建言献策，为政府及社会各界提供参考。

根据全球化人才流动对国际合作函数型动态效应的研究结果，针对近年来不同人才流动变量对国际合作效应的变化规律，提出如下政策建议。

第一，深耕全球人才流动治理。国际人才流动是全球化发展的重要特征之一。在世界各国全球化发展的背景下，科学制定国际人才管理和移民规则，通过互惠共赢的国际合作机会，引导人才流动朝着良性健康的方向发展。在全球化人才流动治理中，要注重与全球经济治理、全球安全治理等相关工作同时推进，不断挖掘全球人才流动治理尚待解决和可能存在的难题。

第二，深化竞争领域国际合作关系。不断强化金砖国家国际竞争大会等重要合作平台建设，深化医药食品、数字经济等重点领域的合作交流，构建起全方位、复合型的互联互通国际合作关系，开创公平竞争与疫后经济增长、数字经济时代的竞争政策发展等竞争领域共同发展的新前景。

第三，以卓越的科技创新能力夯实国际合作基础。在实施国际科技合作战略中，独立自主办大事、办难事、办急事，打造优势领域"长板"，提升科技自主创新能力，夯实国际合作基础。多措并举推进国际科技交流合作，深化科技体制改革，把蕴藏在我国人才队伍中的巨大创新潜能有效释放出来。

第四，构建良好人才政策生态引导国际人才流动方向。建立健全人才政策体系，营造良好生态，发起吸引和集聚全球高水平人才的大科学计划。深入实施新时代人才强国战略，吸引人才、留住人才，加快建设世界重要人才中心和创新高地，为社会主义现代化建设打好人才基础。

下一步将继续围绕全球范围内人才流动对国际合作效应主题，并在此基础上，融入更多影响人才流动、国际合作的影响因素（比如经济水平、政治制度、文化氛围等方面），以及体现人才流动效应（比如科研产出、合作规模等方面）的指标，进一步丰富全球化人才流动对国际合作效应模型的构成要素。伴随模型构成复杂度的增加以及考虑要素个数的增多，全球范围内人才流动对国际合作效应研究将有可能面临计算复杂度高以及维数灾难等诸多问题，这给函数型数据分析方法运算效率提升及其在高维数据中的变量选择都带来不小挑战。另外，本节所采用的函数型回归分析仍属于在经典线性回归模型基础上发展起来的方法。放眼全球，不同国家和地区的人才流动状况不同，其对国际合作的效应也存在多元化的差异。在这种情况下，需要借助分位回归的思想，捕捉不同分位水平下自变量对因变量的函数变化规律。因此，函数型分位回归模型的深入开发及其在全球范围内人才流动对国际合作效应的应用将颇具意义。

5.4 "一带一路"共建国家科技人才双向流动函数型聚类分析

5.4.1 研究基础

　　"一带一路"建设是共建国家开放合作的宏大愿景，其中，科技创新合作是共建"一带一路"的重要内容之一（黄军英，2019）。作为知识的重要载体，人才成为推动共建国家密切交流、繁荣发展的关键要素，人才流动是知识传播和流动的重要形式之一，也是促进科技创新合作的重要驱动力。在微观层面，人才流动伴随着知识、信息和能力的交流、传播与扩散，一定程度上能实现人力资源的效率优化，推动知识和信息共享，丰富国际合作网络；在宏观层面，人才流动能加速一个地区或国家的资源集聚，积累人力资本，直接或间接影响全要素生产率（Benhabib and Spiegel，1994）。因此，在不同国家（地区）间的人才流入和流出，成为备受关注的研究主题。人才流入在一定程度上反映了一个国家（地区）在国际舞台上的综合影响力与吸引力，人才流出则可以表现出一个国家（地区）开放包容的程度，允许人才通过接受教育、参加工作等方式与国际交流。从全局来看，良性的人才双向流动对于促进国家（地区）繁荣发展、推动国际化合作至关重要。

　　国内外学者就"一带一路"共建国家合作发展、人才国际流动等问题从事相关研究工作。近年来，关于"一带一路"共建国家合作发展的研究成果主要包括：曹翔和李慎婷（2021）利用1996~2014年的中国海关数据库并结合世界发展指标数据库，对"一带一路"共建国家经济贸易发展开展相关研究，发现"一带一路"倡议显著推动了共建国家的经济增长而且这种推动作用随着时间的推移而逐渐增强。葛纯宝、于津平和刘亚攀（2021）基于UNCTAD-Eora[①]增加值贸易数据，采用SNA法和QAP法，针对"一带一路"

　　[①]　全球价值链数据库。

增加值贸易网络演变及其影响因素展开研究，研究发现共建各国地理相邻、共同语言、直接投资关系和产业结构差异对促进贸易网络演变的积极效应具有阶段性的差异。程豪和荣耀华（2022）借助二阶因子模型，利用4种偏最小二乘估计算法，对共建国家的科技创新水平进行评价，刻画出影响科技创新水平的各个方面和指标的不同表现，为共建国家科技创新水平排名提供方法支持。近年来，在国际人才流动方面，已发表的研究成果更多。陈波（2015）在提出跨期工作搜寻模型基础上，研究了人才国际流动行为规律，并从理论层面论证了移民输出国也可能会由于移民的跨期流动而获益。杨芳娟（2016）以中国高被引学者和千人计划创业人才为研究对象，利用定性和定量相结合的研究方法，系统研究了中国高端科技人才的跨国流动模式及影响。研究以中国高被引学者为对象，构建高被引学者国际合著论文数据，利用科学计量分析、社会网络分析等方法，分析了流动和合作之间的关系。龙梦晴和邹慧娟（2021）在梳理当前人才流动生态失衡现象的基础上，从"态"和"势"协同发展的视角，探究了人才流动协同发展的机理与路径。程豪和裴瑞敏（2022）利用Scopus数据库中1981～2020年40年的连续数据，从函数型数据分析角度构建人才流动和国际合作之间的函数型动态效应模型，绘制全球化人才流动对国际合作效应的函数曲线，并得出全球范围内的人才流动对国际交流与合作产生重要影响的结论。

基于现有研究基础，面向"一带一路"共建国家，从函数型角度寻找共建国家中国际人才流入、人才流出与人才流动总量不同维度下不同国家的聚类情况，以期为不同国家之间多边合作关系进行研判，具有较为重要的应用研究价值。

5.4.2 数据说明与方法选择

本节从Scopus数据库中提取1981～2020年"一带一路"共建国家部分数据。经过对这40年"一带一路"共建国家在人才流动方面的数据积累，共有38个国家在人才流入规模、人才流出规模和人才流动总量这三个变量方面有扎实的数据基础。38个"一带一路"共建国家的国家名称及代码见表5.1。

表5.1 "一带一路"共建国家的国家名称及代码

序号	国家名称	代码	序号	国家名称	代码
1	阿塞拜疆	AZE	20	摩尔多瓦	MDA
2	埃及	EGY	21	尼泊尔	NPL
3	爱沙尼亚	EST	22	塞尔维亚	SRB
4	巴基斯坦	PAK	23	沙特阿拉伯	SAU
5	白俄罗斯	BLR	24	斯里兰卡	LKA
6	保加利亚	BGR	25	斯洛伐克	SVK
7	波兰	POL	26	斯洛文尼亚	SVN
8	俄罗斯	RUS	27	泰国	THA
9	菲律宾	PHL	28	土耳其	TUR
10	格鲁吉亚	GEO	29	乌克兰	UKR
11	哈萨克斯坦	KAZ	30	乌兹别克斯坦	UZB
12	科威特	KWT	31	新加坡	SGP
13	克罗地亚	HRV	32	匈牙利	HUN
14	拉脱维亚	LVA	33	亚美尼亚	ARM
15	黎巴嫩	LBN	34	伊拉克	IRQ
16	立陶宛	LTU	35	伊朗	IRN
17	罗马尼亚	ROU	36	以色列	ISR
18	马来西亚	MYS	37	印度	IND
19	孟加拉国	BGD	38	约旦	JOR

人才流动和科技合作密切相关，不少研究显示，人才流动和国际合作之间存在正向的演化关系，各国在流动和合作的地位呈现趋同的特征（Chinchilla-Rodríguez et al.，2018），人才流动是促进国际合作的重要因素之一（Wang et al.，2019），例如，研究发现参与科研合作的国家的数量与科研人员流动有很大关系，预计流动国家的增加（或减少）将与国际合作的数量呈正比；利用文献计量的方法追踪了国际流动后国内和国际合作的演变，发现学者移居国外后，将带来国内合作迅速增加、国际合作减少（Jons，2009；Ynalvez and Shrum，2011）。此外，科学流动将给科学家的合作网络带来更多新的资源，例如，科学家在新的机构中任职时间越久，在当前机构的合作关系越多（Andu et al.，2015）。还有一部分研究结果表明，新机构的合作仅在小范围内改变科学家原有的合作关系。在宏观层面上，人才流入、人才流出和人才流动总量都存在一个共同的特征，即随着时间的推移不断发生连续变化，这种连续变化的特征在经过一定长度的时间积累后会表现出函数规律，需要通过函数型数据分析的方法加以分析，以捕捉共建国家在人才双向流动方面的聚类情况。

众所周知，函数型数据分析方法是指系数具有函数特征的一类方法（Ramsay and Silverman，2002；Ramsay and Dalzell，1991；Ramsay，1982）。其中，函数型聚类分析实现了从连续观测数据角度出发，对共建国家进行聚类，以将共建国家在人才双向流动维度下的聚类规律和特点完整揭示出来。为方便表述，不妨假设 1981~2020 年共建国家 A 的人才流动（流入、流出或流动总量）函数为 $x_A(t)$，1981~2020 年共建国家 B 的人才流动（流入、流出或流动总量）函数为 $x_B(t)$，其中，$t = 1981，\cdots，2020$。则定义共建国家 A 和共建国家 B 间差距的函数为 $D = \int_0^T (x_A(t) - x_B(t))^2 dt$。将 $x_A(t)$ 和 $x_B(t)$ 用相同的 K 维基函数 $\Phi(t)$ 展开，用 x_A 和 x_B 分别表示 $x_A(t)$ 和 $x_B(t)$ 的基函数展开系数向量，则有：

$$D = \int_0^T (x_A(t) - x_B(t))^2 dt$$

$$= \int (x_A'\Phi(t) - x_B'\Phi(t))^2 dt$$

$$= (x_A - x_B)'\int \Phi(t)\Phi'(t)dt(x_A - x_B) \qquad (5.12)$$

如果基函数是标准正交基，矩阵 $\int \Phi(t)\Phi'(t)dt$ 就退化成单位阵，这时函数之间的距离就变成系数向量之间的欧式距离。如果基函数非正交，D 可以被理解为系数向量之间以基函数的协差阵为权重的加权欧式距离。

5.4.3 应用分析与讨论

本部分先对 1981~2020 年人才流入规模、人才流出规模以及人才流动总量这三个变量的年度数据的最值（最小值和最大值）、中位数和平均数进行统计描述。受篇幅所限，表 5.2 仅展示出 1981 年、1991 年、2001 年（每 10 年）以及 2011～2020 年（最后 10 年）的最值和平均数。

表 5.2　　　　人才流入规模、人才流出规模以及人才流动总量年度数据
统计描述结果

年份	人才流入规模			人才流出规模			人才流动总量		
	最小值	平均数	最大值	最小值	平均数	最大值	最小值	平均数	最大值
1981	3	156.3	1130	5	147.58	1122	8	303.92	2252
1991	14	465.37	4688	15	442.1	3915	29	907.5	8603
2001	15	822.9	7624	17	773.8	5836	32	1597	13460
2011	74	1219.1	7776	67	1233.8	6475	142	2453	14251
2012	72	1473.8	8399	73	1484.4	7362	145	2958.2	15761
2013	74	1508.6	9024	83	1478	7855	161	2986.7	16879
2014	85	1608	9577	82	1594.1	8751	167	3202	18328
2015	83	1696.2	10584	67	1688	9178	150	3384	19762
2016	84	1887	11637	86	1806.1	9323	173	3693.1	20960
2017	90	2115.4	12558	119	2043	10644	209	4158	23202
2018	104	2376.3	14266	101	2202	11096	205	4578	25362
2019	84	2442.4	14880	122	2371.6	12017	206	4814	26897
2020	131	2779.2	16092	91	2678.6	12164	229	5458	28256

考虑到函数型数据的特殊性，下面通过曲线图，对 1981～2020 年 38 个"一带一路"共建国家的人才流入规模、人才流出规模以及人才流动总量这三个变量进行描述性分析。图 5.6 共包括两个部分。左边的图展示出共建国家的人才流入规模、人才流出规模和人才流动总量在 1981～2020 年的变化情况。右边的图表示共建国家的人才流入规模、人才流出规模和人才流动总量在 1981～2020 年的变化速度情况。不难看出，1981～2020 年共建国家的人才流入规模、人才流出规模和人才流动总量总体呈现出上升的趋势，变化速度几乎均大于 0，而且在 2000 年后呈现出带随机波动的增长趋势，在邻近 2020 年的几年内呈现出下降的趋势。

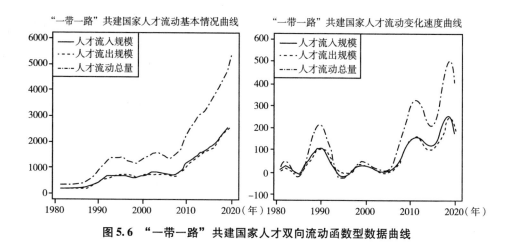

图 5.6 "一带一路"共建国家人才双向流动函数型数据曲线

经过对 1981～2020 年共建国家的人才流入规模、人才流出规模和人才流动总量分别进行函数型聚类分析，可将 38 个共建国家各划分为 4 类。经聚类发现，不同类各自包含的国家数量上存在较大差异。比如，在按人才流入规模进行的函数型聚类分析结果中，第一类包括 7 个国家，而第二类包括 21 个国家，这两个类别所包含的国家数量差异较大。为解决这个问题，本节进行两种尝试：一是对聚类数量进行设置，比如 6 类和 8 类；二是对聚类数量为 4 的聚类结果中包含国家数量过多的那类，再进行函数型聚类分析，将这一类所包含的国家继续分为若干个类。受篇幅所限，本节仅展示将 38 个共建国家划分为 4 类的聚类情况。

按人才流入规模进行函数型聚类分析，可以得到如表 5.3 所示的聚类结果，各个类在聚类时的函数型曲线如图 5.7 所示。需要说明的是，不同类之间是平行关系，不存在先后顺序。由表 5.3 可知，第一类包括巴基斯坦、罗马尼亚、孟加拉国、斯洛伐克、泰国、乌克兰和匈牙利共 7 个国家，第二类包括阿塞拜疆、爱沙尼亚、白俄罗斯、保加利亚、菲律宾、格鲁吉亚、哈萨克斯坦等 21 个国家，第三类包括俄罗斯和印度共 2 个国家，第四类包括埃及、波兰、马来西亚、沙特阿拉伯、土耳其、新加坡、伊朗和以色列共 8 个国家。由图 5.7 可知，属于同一类的国家在聚类时的函数型曲线具有相似的规律或总体趋势，在第一类和第二类表现得尤为明显，在开展国际多边合作时应重点考虑属于同一类的国家间合作。

表5.3　　　　　　　　　按人才流入规模进行函数型聚类分析结果

类别	合作国家
第一类	巴基斯坦、罗马尼亚、孟加拉国、斯洛伐克、泰国、乌克兰、匈牙利
第二类	阿塞拜疆、爱沙尼亚、白俄罗斯、保加利亚、菲律宾、格鲁吉亚、哈萨克斯坦、科威特、克罗地亚、拉脱维亚、黎巴嫩、立陶宛、摩尔多瓦、尼泊尔、塞尔维亚、斯里兰卡、斯洛文尼亚、乌兹别克斯坦、亚美尼亚、伊拉克、约旦
第三类	俄罗斯、印度
第四类	埃及、波兰、马来西亚、沙特阿拉伯、土耳其、新加坡、伊朗、以色列

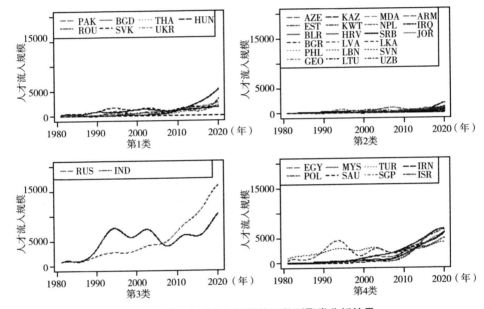

图5.7　基于人才流入规模的函数型聚类分析结果

　　按人才流出规模进行函数型聚类分析可以发现（见表5.4），第一类包括巴基斯坦、罗马尼亚、马来西亚、泰国、土耳其、乌克兰、匈牙利和伊朗共8个国家，第二类包括阿塞拜疆、爱沙尼亚、白俄罗斯、保加利亚、菲律宾、格鲁吉亚等23个国家，第三类包括俄罗斯和印度共2个国家，第四类包括埃及、波兰、沙特阿拉伯、新加坡和以色列共5个国家。图5.8表现出与图5.7相似的规律，即属于同一类的国家在聚类时的函数型曲线具有相似的规律或总体趋势，在第一类和第二类表现得尤为明显，在开展国际多边合作时应重点考虑属于同一类的国家间合作。

表5.4	按人才流出规模进行函数型聚类分析结果
类别	合作国家
第一类	巴基斯坦、罗马尼亚、马来西亚、泰国、土耳其、乌克兰、匈牙利、伊朗
第二类	阿塞拜疆、爱沙尼亚、白俄罗斯、保加利亚、菲律宾、格鲁吉亚、哈萨克斯坦、科威特、克罗地亚、拉脱维亚、黎巴嫩、立陶宛、孟加拉国、摩尔多瓦、尼泊尔、塞尔维亚、斯里兰卡、斯洛伐克、斯洛文尼亚、乌兹别克斯坦、亚美尼亚、伊拉克、约旦
第三类	俄罗斯、印度
第四类	埃及、波兰、沙特阿拉伯、新加坡、以色列

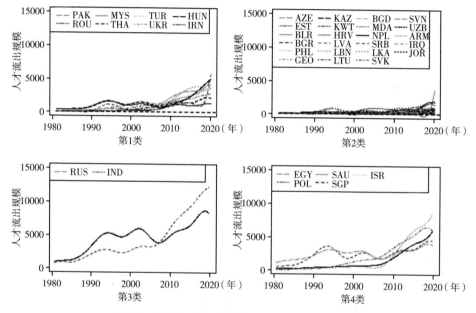

图5.8　基于人才流出规模的函数型聚类分析结果

　　比较表5.3和表5.4可以发现，按人才流入规模和人才流出规模进行函数型聚类分析的结果表现出很大程度的一致性。比如，巴基斯坦、罗马尼亚、泰国、乌克兰、匈牙利始终属于同一类。阿塞拜疆、爱沙尼亚、白俄罗斯、保加利亚、菲律宾、格鲁吉亚、哈萨克斯坦、科威特、克罗地亚、拉脱维亚、黎巴嫩、立陶宛、摩尔多瓦、尼泊尔、塞尔维亚、斯里兰卡、斯洛文尼亚、乌兹别克斯坦、亚美尼亚、伊拉克、约旦属于同一类。俄罗斯、印度属于同一类。埃及、波兰、沙特阿拉伯、新加坡、以色列属于同一类。

下面从人才流动总量角度进行函数型聚类分析（见表5.5），可以发现，第一类包括阿塞拜疆、爱沙尼亚、白俄罗斯、保加利亚、菲律宾、格鲁吉亚、哈萨克斯坦、科威特等22个国家，第二类包括埃及、波兰、马来西亚、沙特阿拉伯、土耳其、新加坡、伊朗和以色列共8个国家，第三类包括俄罗斯和印度共2个国家，第四类包括巴基斯坦、罗马尼亚、斯洛伐克、泰国、乌克兰和匈牙利共6个国家。由图5.9可知，属于同一类的国家在聚类时的函数型曲线具有相似的规律或总体趋势，在第一类和第四类表现得尤为明显，在开展国际多边合作时应重点考虑属于同一类的国家间合作。

表 5.5　　　　　　　　按人才流动总量进行函数型聚类分析结果

类别	合作国家
第一类	阿塞拜疆、爱沙尼亚、白俄罗斯、保加利亚、菲律宾、格鲁吉亚、哈萨克斯坦、科威特、克罗地亚、拉脱维亚、黎巴嫩、立陶宛、孟加拉国、摩尔多瓦、尼泊尔、塞尔维亚、斯里兰卡、斯洛文尼亚、乌兹别克斯坦、亚美尼亚、伊拉克、约旦
第二类	埃及、波兰、马来西亚、沙特阿拉伯、土耳其、新加坡、伊朗、以色列
第三类	俄罗斯、印度
第四类	巴基斯坦、罗马尼亚、斯洛伐克、泰国、乌克兰和匈牙利

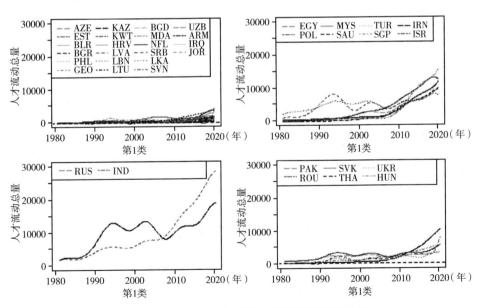

图 5.9　基于人才流动总量的函数型聚类分析结果

综合表5.3、表5.4和表5.5可知，按人才流入规模、人才流出规模和人才流动总量进行函数型聚类分析的结果表现出很大程度的一致性。比如，巴基斯坦、罗马尼亚、泰国、乌克兰和匈牙利始终属于同一类。阿塞拜疆、爱沙尼亚、白俄罗斯、保加利亚、菲律宾、格鲁吉亚、哈萨克斯坦、科威特、克罗地亚、拉脱维亚、黎巴嫩、立陶宛、摩尔多瓦、尼泊尔、塞尔维亚、斯里兰卡、斯洛文尼亚、乌兹别克斯坦、亚美尼亚、伊拉克、约旦属于同一类。俄罗斯、印度属于同一类。埃及、波兰、沙特阿拉伯、新加坡、以色列属于同一类。

在当前瞬息万变的国际形势下，紧扣"一带一路"倡议，实现与共建国家的人才交流和合作，是我国国际科技合作中的重要议题。本节对 Scopus 数据库中1981～2020年"一带一路"共建国家部分数据开展人才双向流动函数型数据进行聚类分析，并从人才流入规模、人才流出规模、人才流动总量角度对共建国家进行聚类分析。本节的结论为我国针对"一带一路"共建国家人才双向流动规律的捕捉提供依据，为实施差异化的合作方案设计提供支撑。

在未来的研究中，我们将继续对人才双向流动与国际合作展开深入研究，根据"一带一路"共建国家的不同属性特点，对潜在聚类关系进行深入的划分，以期为共建各国合作关系提供更加切实可行的方案。此外，随着时间的推移，人才双向流动与国际合作将呈现出不同的规律，因此需要根据时间阶段，确定用于预测未来人才双向流动与国际合作态势的时间起点和阶段性数据。在统计学方法方面，将进一步深耕当数据存在缺失现象时的函数型数据聚类分析，以解决人才双向流动函数型数据中可能存在的缺失数据问题。

5.5　思考与练习

1. 能够使用函数型数据分析方法的数据具有什么特点？
2. 科技人才流动对于促进国际合作交流有什么直接或间接影响？

3. "一带一路" 共建国家之间的合作关系具有什么特点？

4. 与传统的函数型数据分析方法相比，分位数思想改进后的函数型数据分析方法具有什么特点或优势？

5. 在函数型聚类分析中，如何确定具体聚类的个数？

5.6　延展性阅读

"引进来" 和 "走出去"：提升高等教育国际化水平的有效途径[*]

立足全球化和多元文化的背景，高端创新人才的培养需要中西方科学技术的交流和文化之间的交融，离不开大力提升高等教育系统的对外开放和国际化程度。开放环境下的高等教育，各个国家（地区）之间相互协同、合作，不同文化和科学技术之间交互融合，对未来创新型的青年科学家培养更为有利。因此，实现高等教育 "引进来" 和 "走出去" 均衡发展，才能助推未来科技创新人才的培养。

高等教育国际化现状

我国高等教育国际化规模不断扩大，出国留学人数持续增长。此外，我国高等教育国际化存在若干问题，表现为：一是 "引进来" 和 "走出去" 存在一定程度的失衡。来华留学生人数低于我国出国留学人数和到美国等发达国家的留学人数。我国高等教育留学生占所有在校生的比例也远低于美国高等教育体系中国际留学生占所有在校生的比例。二是来华留学生的生源质量有待提高。教育部关于2018年来华留学生统计结果显示，2018年共有来自196个国家和地区的49.22万名留学生来华留学。从国别上看，来华留学生数量前五位的国家依次为韩国、泰国、巴基斯坦、印度、美国。59.95%的留学生来自亚洲，其次是非洲。自2016年起，来自 "一带一路" 共建国家的留学生明显增加。2016年 "一带一路" 共建国家来华留学生占来华留学生总数的46.92%，

---

* 程豪，裴瑞敏，梁会青. "引进来" 和 "走出去"：提升高等教育国际化水平的有效途径［EB/OL］.（2021－07－05）. https://www.cssn.cn/jyx/jyx_jyqg/202209/t20220913_5492840.shtml.

同比增幅达 13.6%；2018 年，"一带一路"共建 64 个共建国家来华留学生人数共计 26.06 万人，占总人数的 52.95%，① 但是亚洲、非洲国家学习成绩优秀者依然首选到美国、英国等西方发达国家留学。

第一，优质高等教育不足导致"走出去"和"引进来"失衡。

在中国，优质高等教育资源上的差距不仅体现在西部的优质高等教育资源贫乏，其实在东部这些发达的地区，优质高等教育资源也非常缺乏。优质高等教育资源不足直接影响到高校的创新能力，同时也影响到一流智力人才的流失，从而影响到高校的创新能力。大量优秀毕业生出国留学有多方面的原因，我国优质高等教育资源不足是一个比较重要的原因；同时，因为优质高等教育资源不足，导致我国很难吸引优秀的国际留学生到我国留学。

第二，高等教育教学科研环境难以适应国际市场。

我国高等教育培养体系还存在着许多不足：教学方法、评估方式落后，外语教育水平偏低，专业设置、课程设置不能与国际接轨，教育国际化意识薄弱等。在我国整个教育体系中，灌输式、教条式的教学方式和考试模式成为我国教育的主要模式，高等教育也不例外。教学常常以教师为中心而不是以学生为中心，这种相对落后的教学方法不易激发学生的创新能力，不利于创新人才的培养。外语教育水平偏低，其原因在于，高等教育中外语课程的设置主要以应试为导向，培养出来的大学生外语水平偏低，不能适应国际化人才的需要。专业设置、课程设置不能与国际接轨，专业设置未从经济全球化的角度考虑，缺乏市场意识，根据市场需求开设新专业的主动性和压力不足，专业设置跟不上发展需求，专业面窄，教学内容陈旧等问题大量存在。

第三，高等教育国际化的理念落后，教学管理难以适应国际化。

随着世界留学生规模的迅速扩大，各国高等教育国际化意识逐渐增强。欧洲国家为了实现课程国际化，在普通高等教育的核心课程中增加关于世界文明、世界史和外国语的要求，增设和加强地区研究与国际研究方面的主修、辅修和专攻计划，在多个专业的教学内容中增加国际方面的内容。与之相比，我国高等教育在这方面还有很大的不足，缺乏超前的意识和准备。高等教育的国

---

① 2018 年来华留学生统计［EB/OL］.（2019 - 04 - 12）. http：//www.moe.gov.cn/jyb_xwfb/gzdt_gzdt/s5987/201904/t20190412_377692.html.

际化，要求高等院校要主动适应国际形势发展的需要，不断加强国际交流与合作，不断改革课程体系，开设国际教育课程，及时引进国外先进的教学理念和教学成果，培养学生的创新能力和创新意识。

提升高等教育国际化的建议

高等教育国际化是建设世界一流大学的必由之路，高度开放的高等教育有利于打造世界一流水平的师资队伍，有利于催生世界一流水平的科研成果，有利于建立世界一流水平的管理制度，进而有利于培养世界一流水平的杰出人才。因此，加强开放交流，抓住文化融合机遇；坚持开放包容理念，搭建国际和地区合作交流新机制，广泛吸收借鉴世界科技文明成果和科技教育先进经验，拓展开放合作渠道，通过提升我国高等教育国际化水平，实现"走出去"和"引进来"均衡发展的国际化环境，助力科技创新人才培养。

第一，建设世界一流的高等教育体系。

世界一流大学和世界一流高等教育体系是部分和整体的关系，一流大学的建设离不开一流高等教育体系的发展。建设世界一流的高等教育体系不仅有利于不同层次、不同类型的高校满足不同留学意愿的群体需求，更在于一流大学间可以在系统内良性互动、共同持续发展。基于此，提升我国高等教育国际化水平，不单单要打造几所世界一流大学，更需要推进高等教育系统均衡发展，打造世界尖端的高等教育体系。这样，不仅有利于提升我国高等教育的整体全球竞争力和学术声誉，也有利于吸引不同类型、需求的优秀生源来华留学。

第二，完善"走出去""引进来"的相关政策。

从国家层面建立针对高等教育人才国际化培养方面的奖学金制度，不仅针对以获得学位为目标的国际留学生给予奖学金，还应设立专门针对短期交流的国外留学生的奖学金制度，以吸引更多优秀的，尤其是世界一流大学的优秀学生到中国来学习，了解中国文化。

建立开放联合办学的政策，使有条件联合办学的大学建立与国外同等高校的联合办学制度，在联合办学的平台下，使得国内学生"走出去"，并"引进来"国外优秀的留学生，引入国外先进的教学理念和优秀的师资队伍，实现中外优质高等教育资源的互通互惠，以及中外文化的交互融合。

第三，建立与国际接轨的高等教育教学科研环境和教学管理制度。

与国际接轨的高等教育学术环境对于开展国际学术交流、合作，在同一学术话语体系下对话，对于吸引高层次人才回国，吸引高层次国际人才来中国发展至关重要。我国高等教育体系可以从以下方面着手，优化高等教育教学科研环境和教学管理：一是改变现有以灌输式为主的教学方法和评估方式，转变为以培养分析和解决问题能力为主的探究式教育模式。二是培养与国际接轨的学术专业精神，约束和协调学者的行为，为学术同行交流、同行评议等提供基础，从而促进全球学术界的健康发展。三是建立与国际接轨的专业和课程设置。应从经济全球化和全球市场需求的角度开设与国际接轨的新专业，更新教学内容和教学模式。四是提升外语教育水平。高等教育国际化的一个重要指标是用外语授课的课程比例，因此，需要加大中国高等教育体系内用外语授课的课程数量和比例。同国际一流大学进行紧密合作，共同开发双语教材，共同讨论课程体系。五是加强留学生管理制度建设，建设与国际接轨的学籍管理制度。

参考文献

［1］蔡晓艳. 事业单位绩效工资实施的难点及对策探讨［J］. 经济师，2022（9）：277－278.

［2］曹翔，李慎婷. "一带一路"倡议对沿线国家经济增长的影响及中国作用［J］. 世界经济研究，2021（10）.

［3］陈波. 从人才流失到人才环流：一个理论模型［J］. 国际商务研究，2015，36（5）：5－15.

［4］陈立新，梁立明，刘则渊. 国际力学科学合作中是否存在马太效应［J］. 科学学与科学技术管理，2006（8）：12－16＋43.

［5］陈韶光，袁伦渠. 人才国际流动的效应分析［J］. 管理世界，2004（10）：147－148.

［6］程豪，吕晓玲，钟琰，等. 大数据背景下智能手机 APP 组合推荐研究［J］. 统计与信息论坛，2016，31（6）：86－91.

［7］程豪. 逆概率加权多重插补法在我国居民收入影响因素的应用研究［J］. 统计与信息论坛，2019（7）：26－34.

［8］程豪，裴瑞敏，梁会青. 加强基础教育阶段科技创新人才培养［EB/OL］.（2021－06－04）. https：//www. cssn. cn/jyx/jyx＿jyqg/202209/t20220913＿5492835. shtml.

［9］程豪，裴瑞敏，梁会青. "引进来"和"走出去"：提升高等教育国际化水平的有效途径［EB/OL］.（2021－07－05）. https：//www. cssn. cn/jyx/jyx＿jyqg/20220913＿5491840. shtml.

［10］程豪，裴瑞敏. 全球化人才流动对国际合作的函数型动态效应可视化分析［J］. 统计与信息论坛，2022，37（11）：107－116.

［11］程豪. 青年高技能人才应优绩优待［N］. 重庆科技报, 2022 - 09 - 01 (08).

［12］程豪, 荣耀华. "一带一路" 沿线国家科技创新水平评价研究［J］. 统计与决策, 2022 (7): 171 - 174.

［13］程豪. 新兴领域高质量科技与高层次人才珠联璧合, 为中国式现代化建设注入强劲动能［N］. 重庆科技报, 2022 - 12 - 29 (08).

［14］程豪, 易丹辉. 客户满意度在中国保险业的科学性研究［J］. 现代管理科学, 2016 (1): 64 - 66.

［15］程豪. 综合统计与调查研究双向奔赴, 培育大国科技人才 "活水源头"［EB/OL］. (2023 - 06 - 08). https: //www. cnfin. com/xy_lb/detail/20230608/3877872_1. html.

［16］范乡, 骆峤嵘. 我国科研投入与经济增长之间关联性分析［J］. 税务与经济, 2005 (3): 63 - 65.

［17］方洁. 公立医院医务人员绩效工资收入差距与激励性的分解统计研究［J］. 现代医院管理, 2022, 20 (1): 52 - 55.

［18］葛纯宝, 于津平, 刘亚攀. "一带一路" 增加值贸易网络演变及其影响因素［J］. 财经论丛, 2021 (10).

［19］何宪. 国家与事业单位的工资分配关系研究［J］. 中国人事科学, 2022 (8): 1 - 20.

［20］侯剑华, 耿冰冰, 张洋. 中国高校科技人才学缘结构和流动网络研究［J］. 农业图书情报学报, 2021, 33 (6): 66 - 80.

［21］黄海刚, 曲越, 白华. 中国高端人才的地理流动、空间布局与组织集聚［J］. 科学学研究, 2018, 36 (12): 2191 - 204.

［22］黄海刚, 曲越, 连洁. 中国高端人才过度流动了吗——基于国家 "杰青" 获得者的实证分析［J］. 中国高教研究, 2018 (6): 56 - 61.

［23］黄军英. "一带一路" 国际科技创新合作大有可为［N］. 光明日报. 2019 - 05 - 02.

［24］贾俊平, 何晓群, 金勇进. 统计学［M］. 北京: 中国人民大学出版社, 2021.

[25] 蒋忠萍. 创新收入分配机制　搞活单位自主分配——事业单位收入分配制度若干问题的思考 [J]. 秘书, 2022, 397 (1)：12 – 27.

[26] 李玉蕾, 袁乐平. 战略人力资源管理对企业绩效的影响研究 [J]. 统计研究, 2013, 30 (10)：92 – 96.

[27] 梁艳. 国有企业员工工作满意度与工作绩效关系研究 [D]. 成都：西南交通大学, 2006.

[28] 廖列法, 勒孚刚, 朱亚兰. LDA 模型在专利文本分类中的应用 [J]. 现代情报, 2017, 37 (3)：35 – 39.

[29] 刘江华. 一种基于 kmeans 聚类算法和 LDA 主题模型的文本检索方法及有效性验证 [J]. 情报科学, 2017, 35 (2)：16 – 21.

[30] 刘新燕. 顾客满意度指数模型研究 [M]. 北京：中国财政经济出版社, 2004.

[31] 刘云, 朱东华, 许海力, 毛家杰. 基础学科国际科研合作的重要模式 [J]. 科学学研究, 1996 (1)：37 – 42.

[32] 刘则渊. 科学合作最佳规模现象的发现 [J]. 科学学研究, 2012, 30 (4)：481 – 486.

[33] 龙梦晴, 邹慧娟. 基于"态""势"协同发展的人才流动机理及路径探究 [J]. 人才资源开发, 2021 (21).

[34] 卢嘉, 时勘, 杨继锋. 工作满意度的评价结构和方法 [J]. 中国人力资源开发, 2001 (1)：15 – 17.

[35] 马海涛, 张芳芳. 人才跨国流动的动力与影响研究评述 [J]. 经济地理, 2019, 39 (02)：40 – 47.

[36] 乔锦忠, 陈秀凤. 高层次学术人才流动是否影响学术生产？——以生命科学领域为例 [J]. 大学与学科, 2021, 2 (3)：91 – 107.

[37] 施云燕, 裴瑞敏, 陈光, 隆云滔. 国外人工智能人才培养政策及对我国的启示——以美国、英国、加拿大、日本为例 [J]. 今日科苑, 2021 (5)：22 – 8.

[38] 孙逸仙. 乡村教师绩效工资分配的公平性研究 [D]. 昆明：云南师范大学, 2022.

［39］王路津，裴瑞敏. 产学研协同的人工智能人才培养模式研究［J］. 中国科技人才，2021（4）：42 – 53.

［40］吴蓉蓉. 技工学校奖励性绩效工资分配存在的问题与对策［J］. 办公室业务，2022（18）：174 – 176.

［41］裘继红，韩玺，吴倩倩. 国际合作对论文影响力提升的作用研究——以外科学为例［J］. 情报杂志，2015，34（1）：92 – 95 + 37.

［42］谢世堂，沈慧，曹桂，等. 公立医院内部绩效工资分配三阶段测算方法研究［J］. 中国医院管理，2017，37（10）：18 – 21.

［43］熊亮. 中华人民共和国工资制度70年——经验、传承和创新［J］. 中国人事科学，2019（10）：69 – 86.

［44］杨芳娟. 中国高端科技人才跨国流动模式及影响研究［D］. 北京：北京理工大学，2016.

［45］易丹辉. 结构方程模型方法与应用［M］. 北京：中国人民大学出版社，2008.

［46］易阳梅. 我国公务员工资制度改革研究［D］. 重庆：西南政法大学，2015.

［47］赵东宛，谢文雄，李树泉. 二十世纪九十年代前后我国两次工资制度改革历程回顾［J］. 中共党史研究，2016（9）：77 – 90.

［48］赵雪慧. 问卷分割方法在抽样调查中的应用［J］. 兰州商学院学报，2004（1）：107 – 109.

［49］赵彦云. 互联网统计［M］. 北京：高等教育出版社，2021.

［50］中国质量协会. 顾客满意度测评手册［M］. 北京：中国社会出版社，2007.

［51］周大亚. 我国科技工作者的职业类型及基本特点［J］. 今日科苑，2020（6）：28 – 30.

［52］朱钰，陈晓茹. 问卷分割设计的模拟研究——小域估计的一种应用［J］. 统计与信息论坛，2014，29（10）：14 – 18.

［53］Abraham, C., Cornillon, P. A., Matzner-L Ø ber, E., Molinari, N. Unsupervised curve clustering using B-Splines［J］. Scandinavian Journal of Statistics, 2003, 30 (3): 581 –595.

[54] Ackers, L. Managing relationships in peripatetic careers: Scientific mobility in the European Union [C]. Pergamon, 2004, 27 (3): 189 –201.

[55] Ackers, L. Moving people and knowledge: Scientific mobility in the European Union1 [J]. International Migration, 2005, 43 (5): 99 –131.

[56] Adigüzel, F. , Wedel, M. Split questionnaire design for massive surveys [J]. Journal of Marketing Research, 2008, 45 (5): 608 –617.

[57] Alipova, O. , Lovakov, A. Academic inbreeding and publication activities of Russian faculty [J]. Tertiary Education and Management, 2018, 24 (1): 66 –82.

[58] Andújar, I. , Cañibano, C. , Fernandez-Zubieta, A. International stays abroad, collaborations and the return of Spanish researchers [J]. Science, technology and Society, 2015, 20 (3): 322 –348.

[59] Autant-Bernard, C. , Mairesse, J. , Massard, N. Spatial knowledge diffusion through collaborative networks [Z]. Wiley Online Library, 2007: 341 – 350.

[60] Azoulay, P. , Zivin, J. S. G. , Sampat, B. N. The diffusion of scientific knowledge across time and space [M]. University of Chicago Press, 2012.

[61] Bassett, G. W. , Chen, H. Portfolio Style: Return-based attribution using quantile regression [J]. Empirical Economics, 2001 (26).

[62] Bauder, H. The international mobility of academics: A labour market perspective [J]. International Migration, 2015, 53 (1): 83 –96.

[63] Belloni, A. , V. Chernozhukov. Penalized quantile regression in high-dimensional sparse models [J] . The Annals of Statistics, 2011, 39 (1): 82 –130.

[64] Benhabib J, Spiegel M M. The role of human capital in economic development evidence from aggregate cross – country data [J]. Journal of Monetary Economics, 1994, 34 (2) : 143 –173.

[65] Bernard, M. , Bernela, B, Ferru, M. Does the geographical mobility of scientists shape their collaboration network? A panel approach of chemists' careers

[J]. Papers in Regional Science, 2020, 100 (1): 79 – 99.

[66] Blei D M, Ng A Y, Jordan M I. Latentdirichlet allocation [J]. Journal of Machine Learning Research, 2003 (3): 993 – 1022.

[67] Bollen, K. A. Structural equations with latent variables [M]. New York: Wiley, 1989.

[68] Bozenman, B., Dietz, J. S., Gaughan, M. Scientific and technical human capital: an alternative model for research evaluation [J]. International Journal of Technology Management, 2001, 22 (7 – 8): 716 – 740.

[69] Cañibano, C., Potts, J. Toward an evolutionary theory of human capital [J]. Journal of Evolutionary Economics, 2019, 29 (3): 1017 – 1035.

[70] Cai, T. T., Hall, P. Prediction in functional linear regression [J]. The Annals of Statistics, 2006, 34 (5): 2159 – 2179.

[71] Canibano, C., Otamendi, J., Andujar, I. Measuring and assessing researcher mobility from CV analysis: the case of the Ramon y Cajal programme in Spain [J]. Research Evaluation, 2008, 17 (1): 17 – 31.

[72] Cardot, H., Ferraty, F., Sarda, P. Spline estimators for the functional linear model [J]. Statistica Sinica, 2003, 13 (3): 571 – 591.

[73] Carroll R. J., and Wand M. P. Semiparametric estimation in logistic measurement error models [J]. Journal of the Royal Statistical Society, 1991, 53 (3): 573 – 585.

[74] Chen X. R., Wan T. K. A., and Zhou Y. Efficient quantile regression analysis with missing observations [J]. Journal of the American Statistical Association. 2015, 110 (510): 723 – 741.

[75] Chinchilla-Rodríguez, Z., Miao, L., Murray, D. et al. A global comparison of scientific mobility and collaboration according to national scientific capacities [J]. Frontiers in Research Metrics and Analytics, 2018, 3 (17).

[76] Chin, W. W. The partial least squares approach to structural equation modeling [J]. Modern Methods for Business Research, 1998, 295 (2): 295 – 336.

[77] Chipperfield, J. O. , Steel, D. G. Design and estimation for split questionnaire surveys [J]. Journal of Official Statistics, 2009, 25 (2): 1–31.

[78] Chipperfield, J. O. , Steel, D. G. Efficiency of split questionnaire surveys [J]. Journal of Statistical Planning and Inference, 2011, 141 (5): 1925–1932.

[79] Collins H M. The TEA set: Tacit knowledge and scientific networks [J]. Science studies, 1974, 4 (2): 165–185.

[80] Conger, D. Foreign-born peers and academic performance [J]. Demography, 2015, 52 (2): 569–592.

[81] Cotgrove, S. F. , Box, S. Science, industry and society [J]. Science in the Sociology of Science, 1970.

[82] Cuesta-Albertos, J. A. , Fraiman, R. Impartial trimmed k-means for functional data [J]. Computational Statistics & Data Analysis, 2007, 51 (10): 4864–4877.

[83] Cuevas, A. , Febrero, M. , Fraiman, R. Linear functional regression: the case of fixed design and functional response [J]. Canadian Journal of Statistics, 2010, 30 (2): 285–300.

[84] Esposito, Vinzi. V. , Russolillo, G. Partial least squares algorithms and methods [J]. Wiley Interdisciplinary Reviews: Computational Statistics, 2013, 5 (1): 1–19.

[85] Eubank R L. Smoothing spline and nonparametric regression [M]. New York, Marcel Dekker, 1988.

[86] Fan, J. Q. , Yao, Q. W. , Cai, Z. W. Adaptive varying-coefficient linear models [J]. Journal of the Royal Statistical Society, 2003, 65 (1): 57–80.

[87] Fernandez-Zubieta, A. , Geuna, A. , Lawson, C. What do we know of the mobility of research scientists and impact on scientific production [M]. Global Mobility of Research Scientists. Elsevier, 2015: 1–33.

[88] Fernández-Zubieta, A. , Geuna, A. , Lawson, C. Mobility and productivity of research scientists [M]. Global Mobility of Research Scientists. Elsevier. 2015: 105–131.

［89］Ferraty, F. , Vieu, P. Nonparametric functional data analysis: theory and practice ［M］. New York: Springer, 2006: 113 – 124.

［90］Fontes, M. , Videira, P. , Calapez, T. The impact of long-term scientific mobility on the creation of persistent knowledge networks ［J］. Mobilities, 2013, 8（3）: 440 – 465.

［91］Fox, M. , H. Rubin. Admissibility of quantile estimates of a single location parameter. Annals of Mathematical Statistics, 1964, 35: 1019 – 1030.

［92］Good I. J. Split questionnaires ［J］. The American Statistician, 1969, 23（4）, 53 – 54.

［93］Good, Irving J. Split questionnaires II ［J］. The American Statistician, 1970, 24（2）: 36 – 37.

［94］Good, Irving J. Split questionnaires I ［J］. The American Statistician, 1969, 23（4）: 53 – 54.

［95］Graham, J. W. , Taylor, B. J. , Olchowski, A. E. , Cumsille, P. E. Planned missing data designs in psychological research ［J］. Psychological Methods, 2006, 11: 323 – 343.

［96］Gureyev, V. N. , Mazov, N. A. , Kosyakov, D. V. , Guskov, A. E. Review and analysis of publications on scientific mobility: assessment of influence, motivation, and trends ［J］. Scientometrics, 2020, 124: 1599 – 1630.

［97］Hair, J. F. , Hult, G. T. M. , Ringle, C. M. , Sarstedt, M. A primer on partial least squares structural equation modeling ［M］. 2nd Edition. SAGE Publications, Thousand Oaks, 2017.

［98］Hall, P. , Horowitz, J. L. Methodology and convergence rates for functional linear regression ［J］. The Annals of Statistics, 2007, 35（1）: 70 – 91.

［99］Hao Cheng, Ying Wei. A Fast Imputation Algorithm in Quantile Regression ［J］. Computational Statistics, 2018, 33（4）: 1589 – 1603.

［100］Hastie, T. , Tibshirani, R. , Friedman, J. The elements of statistical learning（2 ed. ）［M］. New York, NY: Springer, 2009.

［101］Hastie, T. , Tibshirani, R. Varying-coefficient models ［J］. Journal of the Royal Statistical Society: Series B (Statistical Methodology), 1993, 55 (4): 757 – 796.

[102] Hendricks, W., R. Koenker. Hierarchical spline models for conditional quantiles and the demand for electricity [J]. Journal of the American Statistical Association, 1991, 87: 58 – 68.

[103] Holden, K. Lamenting the golden age: Love, labour and loss in the collective memory of scientists [J]. Science as Culture, 2015, 24 (1): 24 – 45.

[104] Hsu J-Y, Saxenian, A. The limits of guanxi capitalism: transnational collaboration between Taiwan and the USA [J]. Environment and Planning A, 2000, 32 (11): 1991 – 2005.

[105] Huang, J. H., Wu, C. O., Zhou, L. Varying-coefficient models and basis function approximations for the analysis of repeated measurements [J]. Biometrika, 2002, 89 (1): 111 – 128.

[106] Imaizumi, M., Kato, K. PCA-based estimation for functional linear regression with functional responses [J]. Journal of Multivariate Analysis, 2018, 163: 15 – 36.

[107] Jonkers, K., Cruz-Castro, L. Research upon return: The effect of international mobility on scientific ties, production and impact [J]. Research Policy, 2013, 42 (8): 1366 – 1377.

[108] Jons, H. Brain circulation and transnational knowledge networks: studying long-term effects of academic mobility to germany, 1954 – 2000. Global Networks, 2009, 9: 315 – 338.

[109] Kato, M., Ando, A. National ties of international scientific collaboration and researcher mobility found in Nature and Science [J]. Scientometrics, 2016, 110 (2): 673 – 694.

[110] Kim J. K. Parametric fractional imputation for missing data analysis [J]. Biometrika, 2011, 98: 119 – 132.

[111] Koenker R., Bassett G. J. Regression quantiles [J]. Econometrica, 1978, 46: 33 – 50.

[112] Koenker, R. Quantile regression for longitudinal data [J]. Journal of Multivariate Analysis, 2004, 91: 74 – 89.

[113] Koenker, R. Quantile regression [M]. Cambridge University Press. 2005.

[114] Lam, A. Boundary-crossing careers and the 'third space of hybridity': Career actors as knowledge brokers between creative arts and academia [J]. Environment and Planning A: Economy and Space, 2018, 50 (8): 1716 – 1741.

[115] Laudel, G. Migration currents among the scientific elite [J]. Minerva, 2005, 43 (4): 377 – 395.

[116] Lawson, T. Economics: some considerations for going forward [J]. Economics, the Situation is Serious, ISRF Bulletin, Issue, 2015, 8: 22 – 32.

[117] Lee, Y. K., Mammen, E., Park B. U. Projection-type estimation for varying coefficient regression model [J]. Bernoulli, 2012, 18 (1): 177 – 205.

[118] Leguina, Adrian. Aprimer on partial least squares structural equation modeling (Pls-sem) [J]. International Journal of Research & Method in Education, 2015, 38 (2): 220 – 221.

[119] Löhmller, J. B. Latent variable path modeling with partial least squares [M]. Physica-Verlag, Heidelberg, 1989.

[120] Lian, H. Variable selection for high-dimensional generalized varying-coefficient models [J]. Statistica Sinica, 2012, 22 (4): 1563 – 1588.

[121] Little, R. J. A. Regression with missing X's: A review [J]. Journal of the American Statistical Association, 1992, 87: 1227 – 1237.

[122] Little, R. J. A., Rubin, D. B. Statistical analysis with missing data [M]. New York, Wiley, 1987.

[123] Liu, H., Pei, Y. Q., Xu, Q. F. Estimation for varying coefficient panel data model with cross-sectional dependence [J]. Metrika, 2019, 83: 377 – 410.

[124] Li, Y, Hsing, T. Deciding the dimension of effective dimension reduction space for functional and high-dimensional data [J]. Annals of Statistics, 2010, 38 (5): 3028 – 3062.

[125] Lundquist, K. J. , Trippl, M. Distance, proximity and types of cross-border innovation systems: A conceptual analysis [J]. Regional Studies, 2013, 47 (3): 450 –460.

[126] Mahroum, S. Brain gain, brain drain: An international overview; proceedings of the Austrian Ministry for Transport, Innovation and Technology Seminar, Alpbach, Austria, F, 2003 [C].

[127] Mahroum, S. Scientists and global spaces [J]. Technology in Society, 2000, 22: 513 –522.

[128] Payumo, J. G. , Lan, G. , Arasu, P. Researcher mobility at a US research-intensive university: Implications for research and internationalization strategies [J]. Research Evaluation, 2018, 27 (1): 28 –35.

[129] Racine, Jeff and Li, Qi. Nonparametric estimation of regression functions with both categorical and continuous data [J]. Journal of Econometrics, 2004, 119 (1), 99 –130.

[130] Racine, J. , Li, Q. Nonparametric estimation of regression functions with both categorical and continuous data [J]. Journal of Econometrics, 2004, 119 (1): 99 –130.

[131] Raghunathan, T. E. , Grizzle, J. E. A split questionnaire survey design [J]. Journal of the American Statistical Association, 1995, 90 (429): 54 –63.

[132] Ramsay, J. O. , Dalzell, C. Some tools for functional data analysis [J]. Journal of the Royal Statistical Society, Series B (Methodological), 1991: 539 –572.

[133] Ramsay, J. O. , Silverman, B. W. Applied functional data analysis: Methods and case studies [M]. New York: Springer-Verlag New York, Inc. , 2002: 14.

[134] Ramsay, J. O. , Silverman, B. W. Functional data analysis (Second edition) [M]. NewYork: Springer Science + Business Media, Inc. , 2005: 1 –9.

[135] Ramsay, J. O. When the data are functions [J]. Psychometrika, 1982, 47 (4): 379 –396.

［136］Reilly，M. Data analysis using hot deck multiple imputation ［J］. The Statistician，1993：307 - 313.

［137］Robins，J. M. ，Rotnitzky，A. & Zhao，L. P. Estimation of regression coefficients when some regressors are not always observed ［J］. Journal of the American Statistical Association，1994，89：846 - 866.

［138］Saxenian，A. International mobility of engineers and the rise of entrepreneurship in the periphery ［M］. WIDER Research Paper，2006.

［139］Seaman S. R，White I. R. Review of inverse probability weighting for dealing with missing data ［J］. Statistical Methods In Medical Research，2011，22：278 - 295.

［140］Sepanski J H，Knickerbocker R，and Carroll R J. A Semiparametric Correction for Attenuation ［J］. Journal of the American Statistical Association. 1994，89（428）：1366 - 1373.

［141］Silverman B. W. Density estimation for statistics and data analysis ［M］. Chapman and Hall，London，1986.

［142］Tang，L. J. ，Zhou，Z. G. ，Wu，C. C. Weighted composite quantile estimation and variable selection method for censored regression model ［J］. Statistics and Probability Letters，2012，82（3）：653 - 663.

［143］Tenenhaus，M. ，Vinzi，V. E. ，Chatelin，Y. M. ，Lauro，C. PLS path modeling ［J］. Computational Statistics & Data Analysis，2005，48（1）：159 - 205.

［144］Tian，L. ，Zucker，D. ，Wei，L. J. On the Cox model with time-varying regression coefficients ［J］. Journal of the American Statistical Association，2005，100（469）：172 - 183.

［145］Tian，R. ，Xue，L. ，Hu，Y. Smooth-threshold GEE variable selection for varying coefficient partially linear models with longitudinal data ［J］. Journal of the Korean Statistical Society，2015，44（3）：419 - 431.

［146］Trippl，M. ，Maier，G. Star scientists as drivers of the development of regions ［M］. Springer Berlin Heidelberg，2011：113 - 134.

[147] Tsiatis, A. A. Semiparametric theory and missing data [M]. Springer Series in Statistics, 2006.

[148] Wang C Y, Wang S J, Zhao L, and Ou S T. Weighted semiparametric estimation in regression analysis with missing covariate data [J]. Journal of the American Statistical Association, 1997, 92 (438): 512 –525.

[149] Wang CY, Wang SJ, Zhao L, Ou ST. Weighted semiparametric estimation in regression analysis with missing covariate data. Journal of the American Statistical Association, 1997, 92 (438): 512 –525.

[150] Wang, J., Rosalie, H., Li, A. X., Meng-Hsuan, C. Collaboration patterns of mobile academics: The impact of international mobility [J]. Science and Public Policy, 2019, 46 (3): 450 –462.

[151] Wei Y. An approach to multivariate covariate-dependent quantile contours with application to bivariate conditional growth charts [J]. Journal of the American Statistical Association, 2008 (103).

[152] Wei Y., Ma Y., Carroll R. J. Multiple imputation in quantile regression [J]. Biometrika, 2012, 99: 423 –438.

[153] West, M., Harrison, P. J., Migon, H. S. Dynamic generalized linear models and bayesian forecasting [J]. Journal of the American Statistical Association, 1985, 80 (389): 73 –83.

[154] Xia, Y., Li, W. On single-index coefficient regression models [J]. Journal of the American Statistical Association, 1999, 94 (448): 1275 –1285.

[155] Ynalvez, M. A., and Shrum, W. M. Professional networks, scientific collaboration, and publication productivity in resource-constrained research institutions in a developing country [J]. Research Policy, 2011, 40: 204 –216.

[156] Yuan, S., Shao, Z., Wei, X., Tang, J., Wang, Y. Science behind AI: The evolution of trend, mobility, and collaboration [J]. Scientometrics, 2020, 124 (2): 993 –1013.

[157] Yudkevich, M, Altbach, P. G., Rumbley, L. E. Academic inbreeding and mobility in higher education: Global perspectives [M]. Springer, 2015.

[158] Zeger, S. L., Diggle, P. J. Semiparametric models for longitudinal data with application to cd4 cell numbers in hivseroconverters [J]. Biometrics, 1994, 50 (3): 689 – 699.

[159] Zhang, W., Steele, F. A semiparametric multilevel survival model [J]. Journal of the royal statistical society, 2004, 53 (2): 387 – 404.

[160] Zhang, W. Y. Identification of the constant components in generalized semivarying coefficient models by cross-validation [J]. Statistica Sinica, 2011, 21 (4): 1913 – 1929.

[161] Zhou Y, Wan A T K, and Wang X. Estimating equation inferencewith missing data [J]. Journal of the American Statistical Association, 2008, 103 (483): 1187 – 1199.

[162] Zou, H., T. Hastie. The adaptive lasso and its oracle properties [J]. Journal of the Royal Statistical Society, Series B, 2006, 101 (476): 1418 – 1429.

[163] Zou, H., & Yuan, M. Composite quantile regression and the oracle model selection theory [J]. The Annals of Statistics, 2008, 36 (3): 1108 – 1126.